70 recepten voor 4 seizoenen

Eerder verschenen gezondheidsgidsen

- 6 verhalen, 6 getuigen, 2016
- Gezond koken met onze topchefs, 2015
- Klassieke en aanvullende kankerbehandelingen: naar een nieuwe samenleving, 2014
- Samen vooruit, tijdens en na kanker, 2013
- 70 recepten voor 4 seizoenen, 2012
- Gezondheid van kop tot teen, 2012

Redactie: Eva de Winter, diëtiste
Wetenschappelijk advies: dr. Didier Vander Steichel, dr. Ivo Nagels
Coördinatie: Ludivine Teller, Thomas Maertens
Vormgeving inhoud & omslag: CROZZ (2012), update CDN (2017)
Wettelijk depot: D/2017/8647/100
ISBN: 9789072554406

Printed in Belgium

V.U. Dr. Didier Vander Steichel - Stichting tegen Kanker - Leuvensesteenweg 479, B-1030 Brussel - Stichting van openbaar nut.

Stichting tegen Kanker

Er is ruimte voor hoop in de strijd tegen kanker! De wetenschap boekt vooruitgang, de begeleiding van patiënten en hun naasten verloopt steeds beter, screening en preventie winnen terrein. Dankzij haar donateurs speelt de Stichting tegen Kanker op al die vlakken een belangrijke rol, in alle onafhankelijkheid en transparantie.

- Stichting tegen Kanker zet in op onderzoekers. Dankzij hun werk zijn de kansen op genezing vergroot en zullen ze blijven toenemen.
- Stichting tegen Kanker is begaan met ieders gezondheid. Informatie en preventie zijn essentieel: 1 kanker op de 3 heeft rechtstreeks met onze manier van leven te maken.
- Stichting tegen Kanker biedt begeleiding aan patiënten en hun naasten. Iedereen die op een of andere manier met de ziekte te maken krijgt, kan rekenen op onze actieve steun en op een luisterend oor.
- Stichting tegen Kanker pleit voor een beter beleid inzake volksgezondheid. We stimuleren en helpen de autoriteiten om steeds meer en beter te doen in de strijd tegen kanker.

Hoe kun je de strijd tegen kanker steunen?

Wil je ons helpen onze doelstellingen te verwezenlijken, dan kun je **een gift doen** via het rekeningnummer **IBAN: BE45 0000 0000 8989 - BIC: BPOTBEB1**.

Je kunt ook **Vriend van de Stichting** worden en het wetenschappelijk onderzoek steunen vanaf €5/maand. Meer informatie vind je op **www.kanker.be/vriend**.

Je kunt de Stichting tegen Kanker ook helpen door een **testamentaire beschikking**. Wil je zo een bijdrage leveren, neem dan contact op met je notaris of met Greta Van Der Gracht, coördinator Legaten bij de Stichting tegen Kanker, op 02 743 37 15 of per e-mail aan gvandergracht@fondationcontrelecancer.be. We geven je met plezier de nodige informatie.

Er zijn nog **meer manieren** om je steentje bij te dragen in de strijd tegen kanker: vrijwilligerswerk, het organiseren van een evenement… Je komt er meer over te weten op www.kanker.be/steun-ons.

Stichting tegen kanker in de praktijk

Onze gegevens

Stichting tegen Kanker – Stichting van openbaar nut
Leuvensesteenweg 479 – B-1030 Brussel
Tel.: 02 736 99 99 – Fax: 02 734 92 50
Departement communicatie: communicatie@stichtingtegenkanker.be
Wetenschappelijk departement: scientif@stichtingtegenkanker.be
Ons magazine: Samen tegen Kanker (driemaandelijks):
magazine@stichtingtegenkanker.be
www.kanker.be
facebook.com/stichtingtegenkanker
Twitter @Samen_tg_Kanker
Linkedin: Stichting tegen Kanker

Kankerinfo
Stichting tegen Kanker
0800 15 802
www.kanker.be/info

Kankerinfo: 0800 15 802 – www.kankerinfo.be

Kankerinfo is de telefonische hulplijn van de Stichting tegen Kanker. Het nummer is gratis, en discretie en anonimiteit zijn er gewaarborgd. Je kunt er terecht met al je vragen over kanker en de diensten van de Stichting. Het nummer biedt ook een luisterend oor als je daar behoefte aan hebt. Je kunt er al je vragen stellen. Ook op de internetsite vind je veel informatie.

Rekanto: 0800 15 802 – www.rekanto.be

Rekanto is een programma voor fysieke activiteiten, speciaal ontworpen voor mensen die af te rekenen hebben of onlangs af te rekenen hadden met kanker. Rekanto helpt bij het terugkrijgen van een betere lichamelijke conditie en de vermoeidheid kwijt te geraken die het gevolg is van de ziekte en de behandelingen.

Tabakstop: 0800 111 00 – www.tabakstop.be

Tabakstop biedt antwoord op alle vragen over roken, verslaving, hulp bij rookontwenning en opvolging na het stoppen met roken. Een team van erkende tabakologen biedt telefonische ondersteuning. Tabakstop heeft ook een website vol informatie en handige tools.

Inhoud

Recepten

𝒱 = vegetarisch
ℱ = Feestelijk

Voorwoord

Eten staat al lang niet meer louter gelijk aan 'voldoende vocht, energie en voedingsstoffen opnemen om in leven te kunnen blijven'.

Het staat ook voor genieten. Genieten van smaak, maar ook van het gezelschap van anderen, van rustpunten in de dag.

Vooral dat laatste is niet altijd even vanzelfsprekend in de 'snelle' tijden waar we de laatste jaren in vertoeven. Het aankopen en het bereiden van maaltijden kunnen niet te veel van onze tijd meer vragen. En ook niet van ons budget. Zo blijkt dat we een steeds kleiner aandeel van ons gezinsbudget aan voeding besteden ...

Terzelfdertijd krijgen we steeds meer advies en aanbevelingen op vlak van voeding door wetenschappers en media. Evenwichtige voeding en een gezond gewicht staan meer dan ooit in de kijker: het is een voorwaarde om vitaal te zijn en te blijven. Ook de preventierol wordt onderstreept, vooral in het voorkomen van welvaartsziekten zoals kanker, hart- en vaatziekten en suikerziekte op oudere leeftijd.

Hoe verzoenen we deze, op het eerste zicht tegenstrijdige, ontwikkelingen? Dit boekje probeert daarbij een leidraad te bieden.

In het eerste deel lichten we het effect van voeding op de gezondheid en levenskwaliteit toe. Het toont u hoe u gezond (of nog gezonder) kan eten in het dagelijkse leven. Zonder daarbij het belang van genieten van eten en drinken uit het oog te verliezen, en met tips en trucs. In het tweede deel zetten we de theorie om in praktijk en stellen we u heerlijke en gezonde recepten voor.

"70 recepten voor 4 seizoenen". Laat u meevoeren doorheen het jaar, want elk seizoen biedt typische groente- en fruitsoorten; elk seizoen kent een waaier aan heerlijke variatie. Daarbij worden in deze editie gerechten van eigen streek op tafel gelegd. Speel toerist in eigen land en herontdek eeuwenoude streekrecepten in een gezonde variant. Probeer onze vegetarische alternatieven en evenwichtige feestideeën. En goed om weten: onze recepten zijn snel klaar en budgetvriendelijk!

We laten het u verder graag zelf ontdekken. Veel kook- en smaakplezier gewenst!

1

Voeding & Kanker

Onze aanbevelingen

Wetenschappelijk onderzoek toont aan dat voeding een rol kan spelen bij het ontstaan van verschillende kankers. Zowel op wereldvlak als op nationaal niveau worden op basis van deze studies aanbevelingen geformuleerd. Het zijn concrete tips die we dagelijks kunnen toepassen om ons risico op kanker te helpen beperken.

In België

De preventieboodschappen die Stichting tegen Kanker verspreidt zijn in lijn met de internationale wetenschappelijke aanbevelingen. De Stichting houdt hierbij ook rekening met de richtlijnen van de Belgische Nationale Raad voor de Voeding. Het doel is het promoten van een gezonde en evenwichtige voeding die het risico op welvaartsziekten, zoals kanker, hart- en vaatziekten en type 2 (ouderdoms)diabetes helpt beperken.

Belgische voedselconsumptiepeiling [1]

In België worden onze voedingsgewoonten regelmatig onder de loep genomen. Dat gebeurt in de zogenaamde voedselconsumptiepeilingen. Ook de voedselhygiëne en het gebruik van voedingssupplementen komen hierin aan bod. Het volgende overzicht toont de belangrijkste resultaten in België voor 2014-2015.

Resultaten van de Belgische voedselconsumptiepeiling van 2014-2015

- 45% van de bevolking (3-64 jaar) heeft een te hoge BMI: 29% heeft overgewicht en 16% is obees.Deze percentages stijgen met de leeftijd en vanaf 35 jaar lijdt zelfs meer dan één derde van de bevolking aan overgewicht en meer dan één vijfde aan obesitas.
- 21% van de bevolking heeft een buikomtrek met een verhoogd gezondheidsrisico en 29% een buikomtrek met een substantieel verhoogd gezondheidsrisico.
- Het percentage personen (15-64 jaar) die een veel te grote buikomtrek hebben is gestegen van 25% in 2004 naar 34% in 2014.
- 55% van de bevolking (15-64 jaar) heeft een te grote buikomtrek/lengte verhouding en heeft bijgevolg een hoger risico op het ontwikkelenvan aandoeningen geassocieerd met abdominale obesitas.

Lichaamsbeweging

- De meerderheid van de volwassenen (18-64 jaar) voldoet gemakkelijk aan de richtlijnen van de Wereldgezondheids-organisatie (WGO) voor voldoende lichaamsbeweging (2 uur en 30 minuten per week matig intensieve lichaams-beweging).
- Tegelijkertijd tonen de resultaten aan dat de Belgische bevolking in 2014 een groot deel van de dag al zittend door-brengt.
- De zittijd varieert van gemiddeld 6 tot 9 uur per dag, afhan-kelijk van de leeftijd (dit is langer dan de tijd die op een hele week besteed wordt aan lichaamsbeweging in de vrije tijd/ sport of actief transport).

Verder werden door het Voedingsinformatiecentrum NICE (www.nice-info.be), naar aanleiding van de Voedselconsumptie-peiling 2014-2015 volgende knelpunten in het huidige voedingspatroon van de Belgen geïdentificeerd:

- te weinig water
- te weinig brood en vervangproducten
- te weinig aardappelen en vervangproducten
- veel te weinig groenten
- veel te weinig fruit
- veel te weinig melkproducten of calciumverrijkte soja-producten, wel voldoende kaas
- te veel vlees en vooral vleesproducten, te weinig vis en plant-aardige vleesvervangers
- veel te veel voedingsmiddelen uit de restgroep van de Actieve voedingsdriehoek (snoep, vetrijke snacks, frisdran-ken, alcoholische dranken,...)

MEER WETEN?
Wetenschappelijk Instituut Volksgezondheid
https://fcs.wiv-isp.be/nl

De actieve voedingsdriehoek

De actieve voedingsdriehoek is een voorlichtingsmodel dat duidelijk maakt waaruit een gezonde en evenwichtige voeding bestaat. Op www.mijndriehoek.be vindt u alle nuttige informatie.

Het principe is eenvoudig: hoe meer oppervlakte een product inneemt in de driehoek, des te belangrijker het aandeel ervan is (of zou moeten zijn) in onze dagelijkse voeding.

Onze aanbevelingen

- Streef naar een gezond lichaamsgewicht door evenwichtig te eten en voldoende fysiek actief te zijn, en beperk de tijd die je al zittend doorbrengt.
- Wees elke dag minstens 30 minuten matig fysiek actief, bijvoorbeeld door stevig te wandelen.
- Beperk het gebruik van calorierijke voeding zoals vetrijke snacks en suikerrijke tussendoortjes en dranken.
- Eet voldoende groente, fruit, volle graanproducten en peulvruchten en varieer zoveel mogelijk (vooral in kleur).
- Eet dagelijks ten minste 5 porties (600 g) groente en fruit.
- Beperk de consumptie van rood vlees (rund, varken, schaap) tot maximum 500 g per week en vermijd bewerkte vlees (vleeswaren, paté, salami, worst, bereid gehakt,...).
- Drink bij voorkeur geen alcohol. Beperk alcohol in ieder geval tot één (voor vrouwen) en twee (voor mannen) consumpties gemiddeld per dag.
- Vermijd zout en sterk gezouten bereidingen.
- Vertrouw niet op voedingssupplementen om je tegen kanker te beschermen.
- Borstvoeding is goed voor moeder en kind, en kan voor beiden het risico op kanker en andere ziekten helpen beperken.

Meer weten over voeding en kankerpreventie? Kijk op onze site: www.kanker.be > kankerpreventie > eet en drink gezond of bel naar Kankerinfo op het gratis nummer **0800 15 802**.

2

Tips & Trucs

Wie het plan heeft opgevat om gezonder te gaan eten, wil natuurlijk lekker blijven eten. Ook termen als 'vers', 'snel klaar' en 'niet te duur' klinken mooi. Graag houden we de traditie in ere en zetten we liefst iets écht Belgisch op tafel. Als dat dan nog evenwichtig en op het ritme van de seizoenen kan, is het helemaal compleet.

Maar hoe combineert u al deze criteria in één enkel recept? We geven u graag een aantal tips en trucs, alvorens echt aan de slag te gaan ...

Eten op het ritme van de seizoenen

Eten op het ritme van de seizoenen betekent dat u het hele jaar door gevarieerd eet. Seizoensproducten zijn bovendien het gezondst, het goedkoopst en ... het lekkerst.

Gezonde variatie

Wie voor seizoensproducten kiest, biedt zijn gezondheid iets extra's aan. Allereerst omdat seizoensproducten niet van het andere eind van de wereld moeten komen. Ze hebben dan ook niet aan voedingswaarde ingeboet voor ze op ons bord liggen. Bovendien kunnen seizoensproducten een verschil in de concentratie van voedingsstoffen hebben. Dit verschil kan voor sommige soorten groot zijn. Zo kan het vitamine C-gehalte van broccoli dubbel zo hoog of laag zijn. Het gehalte aan kankerbeschermende stoffen, zoals antioxidanten kan tot 13 keer hoger of lager zijn, naargelang het seizoen.

Groenten en fruit bevatten heel wat gezonde, zogenaamde 'bioactieve' stoffen zoals antioxidanten. Die helpen het risico op kanker en andere ziektes te beperken. Elke groente of vrucht bevat andere combinaties en concentraties van deze bioactieve stoffen. Daarom is het altijd het beste om zoveel mogelijk te variëren en dat kan optimaal én heel eenvoudig door te eten volgens de seizoenen.

Minder duur

Seizoensproducten zijn altijd minder duur. Dat komt omdat ze niet ingevoerd hoeven te worden waardoor de transport- en verpakkingskosten lager liggen. Ook hebben ze minder intensieve kweekmethoden nodig. En omdat er een groter aanbod van is, kunnen ze worden verkocht tegen een lagere prijs. Laat u echter niet verleiden door promoties bij het aankopen van te grote hoeveelheden: als u uiteindelijk eten moet weggooien omdat het rot wordt, maakt u geen winst.

Nadelen van exotische producten

Naast de hogere prijs en het verlies aan voedingswaarde brengt het kiezen voor geïmporteerde groenten en fruit nog andere nadelen met zich mee:

- milieubelasting door extra transport en verpakkingsmateriaal;
- minder lange bewaring door het lange traject dat vooraf ging;
- toevoeging van bewaarmiddelen om de bewaartijd te verlengen;
- het plukken van bepaalde fruitsoorten vóór ze rijp zijn, zodat ze verser bij de consument terecht komen, bevordert de smaak niet;
- minder goede zaken voor de lokale producent.

Ook productie uit verwarmde serres kent haar prijs. In verwarmde serres worden klimatologische omstandigheden nagebootst van een ander seizoen of een ander land. Deze bewerking maakt het product behoorlijk duurder en zorgt voor een extra belasting van het milieu.

De smaak wil ook wat ...

Tot slot, maar zeker niet minder belangrijk: seizoensproducten smaken beter, omdat ze in natuurlijke klimatologische omstandigheden werden geteeld en geen wereldreis achter de rug hebben, voordat ze op ons bord liggen. Wie de seizoenen volgt, hoeft ook geen groenten en fruit in glas, blik of diepvries te kopen. Dankzij de huidige bewaartechnieken hoeven die qua voedingswaarde zeker niet onder te doen aan verse producten, maar ze smaken toch niet altijd hetzelfde ...

De kalenders in dit boek (cf. de pagina's in kleur) vertellen u welk het ideale seizoen is voor bepaald fruit en groenten.

Belgische streekgerechten [3]

De voorbije jaren kreeg de 'wereldkeuken' heel wat aandacht. En ook het mediterrane dieet heeft in de kijker gestaan omwille van de gezondheidsvoordelen die het toebedeeld krijgt.

Het is natuurlijk prettig om iedere dag te kunnen kiezen uit een eindeloos aantal gerechten, binnen- of buitenlands. Dat biedt immers heel veel variatiemogelijkheden. Bovendien is het verrassend om allerlei exotische ingrediënten te ontdekken.

In deze editie willen we eerder de klemtoon leggen op de positieve kanten die lokale gerechten ons te bieden hebben en stellen we u meerdere gezonde streekgebonden recepten voor.

We hadden het eerder al over de voordelen van seizoens- en lokale producten, ondermeer op het vlak van gezondheid, budget, milieu en economie. Het zou daarom jammer zijn als producten van eigen bodem in de vergetelheid raken. Terecht krijgen zij de laatste tijd weer de aandacht die ze verdienen.

België is altijd al een land met een rijke gastronomie geweest. We houden zelfs een aantal oude tradities uit de middeleeuwen in stand met de verse kruiden, mosterd, azijnsoorten en bieren, die nog vaak gebruikt worden in onze hedendaagse receptuur.

Van onze keuken wordt wel eens gezegd dat ze de kwantiteit van de Duitse keuken combineert met de kwaliteit van de Franse. Wist u trouwens dat wij in één van de weinige landen wonen waar er per inwoner het meeste restaurants bekroond werden met Michelinsterren? Geen wonder dat fastfoodrestaurants het hier relatief minder goed doen.

En wat is dan het lievelingseten van de Belg? Tja, 'echte' frieten komen nog altijd op de eerste plaats. Maar er zijn ook nog talrijke andere heerlijke gerechten uit verschillende regio's. Voor een aantal ervan geven we u in dit boekje een gezondere versie in de receptuur, ook voor frieten ...!

Evenwichtige keuzes

In de media wordt veel gezegd en geschreven over gezonde voeding, maar hoe pakken we dat aan in het dagelijkse leven? Hoe halen we die broodnodige '5 a day' van groenten en fruit? Wat zit er precies in 1,5 l drinkvocht? Hieronder vindt u een aantal tips om de theorie in de praktijk om te zetten.

Koude maaltijden

- Graanproducten zijn het belangrijkste: zorg ervoor dat vezelrijke ontbijtgranen of bruin brood de grootste plaats innemen in uw koude maaltijden. Eet boterhammen niet open belegd. Snijd een boterham doormidden, beleg de helft en leg de twee helften weer op elkaar. Wilt u wat afwisseling? Serveer dan, in plaats van brood, een salade met volle rijst of volkorenpasta.
- Zorg bij iedere maaltijd voor groenten, ook bij de koude maaltijden: leg bijvoorbeeld wat rauwkost tussen de boterham of eet er wat soep bij. Vetarme soep maakt u door de groenten vooraf niet te stoven en door magere bouillon te gebruiken. U hebt dan een soep die net zo caloriearm is als drinkvocht.
- Kies voor smeervet op basis van 100% plantaardige vetten, met een vetgehalte van 40% of lager. Smeer dit slechts op de helft van het brood.

Warme maaltijden

- Neem een bord vetarme soep (zie p. 19) een half uur vóór de maaltijd, dit zorgt bij de hoofdmaaltijd voor snellere verzadiging.
- Haal uw energie vooral uit de groep van aardappelen en volle graanproducten (volkorenpasta, bruine rijst enzovoort).
- Zorg voor veel groenten: waarom geen twee soorten groenten of warme groenten in combinatie met een slaatje?
- Eet maximaal 150 gram vlees, vis of vleesvervangers.
- Kies ook hier 100% plantaardige vetten (olie, margarine) om de maaltijd te bereiden. Gebruik maximaal 1 afgestreken eetlepel bereidingsvet per persoon, inclusief sausbereiding. Bij vet vlees (koteletten, gehakt, worst, ...) of vette vis (zalm, haring, paling, ...) halveert u beter die hoeveelheid. Doe dit ook voor olie. Oliën zijn gezond, maar helaas zijn het caloriebommen: 1 eetlepel olie bevat meer calorieën dan een praline ...
- Voeg zo weinig mogelijk zout toe bij de bereiding, en werk liever met verse kruiden en specerijen. Ook kant-en-klaar bereidingen en voorgemaakte soepen bevatten vaak veel zout.
- Beperk gefrituurde bereidingen tot 1 maal per week.

Tussendoor

- Een tussendoorpakket moet een evenwichtige samenstelling hebben. Het kan voorkomen dat teveel calorieën worden opgenomen tijdens de hoofdmaaltijden.

Evenwichtig tussendoorpakket

- 2 à 3 porties fruit of 200 ml vers fruitsap (1 portie = volume van 1 appel);
- Rauwkost naar wens;
- Vetarme soep (zie p. 19) naar wens;
- 1 extraatje van maximum 150 kcal: kies bij voorkeur voor een volkorenkoek of een mager melkproduct. Maar ook bijvoorbeeld 2 bolletjes ijs, 30 g chocolade of 30 g kaas kunnen.
- 1,5 l drinkvocht, waarvan minstens 1 l water, plat of bruis. Koffie en thee kunt u drinken zoveel u wilt. Maar opgelet! Koffie en thee zelf bevatten geen calorieën; de melk en/of suiker die u eraan toevoegt wel... Drink tot slot max. ½ l lightdrank per dag van max. 5 kcal/100 ml.
- Probeer u te beperken tot dit evenwichtige tussendoorpakket. U kunt dit pakket gerust spreiden over de hele dag.

Is uw dagelijkse voeding gezond? In onderstaand kadertje staat een overzicht van wat een volwassene gemiddeld op een dag nodig heeft.

U kunt ook uw eigen voedingspatroon evalueren en uw eigen actieve voedingsdriehoek berekenen. Surf hiervoor naar onze website www.mijndriehoek.be .

Dagje gezond

Water & andere energiearme dranken

1,5 liter

Graanproducten en aardappelen

5 - 12 sneden bruin brood

3 - 5 stuks gekookte aardappelen

Groenten

300 g (bijvoorbeeld 100 g rauwkost en 200 g bereide groenten)

Fruit

2 - 3 porties, bij voorkeur vers fruit

(1 portie = volume van 1 appel = 125 g)

Melkproducten & calciumverrijkte sojaproducten

3 - 4 glazen melk, halfvol

1 - 2 sneden kaas, bij voorkeur magere

Vlees, vis, eieren, vervangproducten

75 - 100 g, bij voorkeur mager

Smeer- en bereidingsvet

matigen

Gezondheid en "zonde" in balans

We leven in een tijd die op gastronomisch vlak heel wat te bieden heeft. Wie echter geen grenzen trekt, krijgt vroeg of laat te kampen met overgewicht en andere gezondheidsproblemen. Dat is helaas een kenmerk van de huidige samenleving. De sleutel tot succes is het juiste evenwicht te vinden tussen genieten en overdaad.

Streef allereerst naar een correct gewicht. Als u door de week een gezond eet- en beweegpatroon volgt, kunt u in het weekend gerust eens "zondigen". Twee dagen per week dus waarop de boog niet gespannen hoeft te staan. Reserveer die dagen voor het weekend of voor speciale gelegenheden, tijdens de feestperiodes of de vakanties ... Als u dit respecteert, zal u niet alleen levenslang kunnen genieten van lekker eten, maar ook van een goede gezondheid én een ideaal gewicht.

Vegetarische alternatieven [4]

De Belgische voedselconsumptiepeilingen tonen aan dat we teveel eiwitten eten. Vooral onze vleesconsumptie (vlees en vleeswaren) is te hoog. Vis wordt dan weer te weinig gegeten.

Sommige mensen maken de keuze om vegetarisch te gaan eten uit gezondheidsoverwegingen. Ook andere overwegingen kunnen een rol spelen, zoals het milieu.

De productie van vlees vraagt uiteraard veel grond, water en energie en is zo meer milieubelastend dan de productie van plantaardige producten.

Vegetariërs eten geen vlees en gevogelte. Sommigen eten nog wel vis, anderen niet. Bijna alle vegetariërs gebruiken wel melkproducten (lactovegetariërs) en eieren (ovovegetariërs) of beide (lacto-ovovegetariërs).

Sommige mensen eten altijd vegetarisch, anderen af en toe. Vooral in het eerste geval is het nuttig om zich aan bepaalde spelregels te houden. Die zorgen voor een correcte vleesvervanging. Met name de toevoer van kwaliteitsvolle eiwitten is daarbij belangrijk. Gezond en evenwichtig vegetarisch eten kan door volgende regels te volgen:

- Vervang vlees door andere eiwitbronnen als quorn, seitan, tofu, tempeh enzovoort. Die zijn in de meeste winkels te verkrijgen. Respecteer ook hier dezelfde aanbeveling als voor vlees en vis, namelijk maximum 150 gram per dag.

  Deze basisproducten bevatten weinig vetten. De toebereide alternatieven, zoals vegetarische burgers, zijn echter vaak vet- en dus calorierijk. Beperk in dat geval uw bereidingsvet tot een halve eetlepel in plaats van 1 eetlepel (de standaardhoeveelheid bereidingsvet per persoon).

- Een andere mogelijkheid is om binnen iedere maaltijd telkens twee vakken uit onderstaand vierkant te combineren. Dit zorgt ervoor dat alle aminozuren - de bouwstoffen van eiwitten - aanwezig zijn voor een volwaardige maaltijd.

  Een paar voorbeelden zijn: een ovenschotel met pasta, aardappelen of rijst en groenten en kaas, omelet met stukjes aardappel, spiegelei op z'n Engels met witte bonen in tomatensaus enzovoort.

Vegetarische basiscombinaties

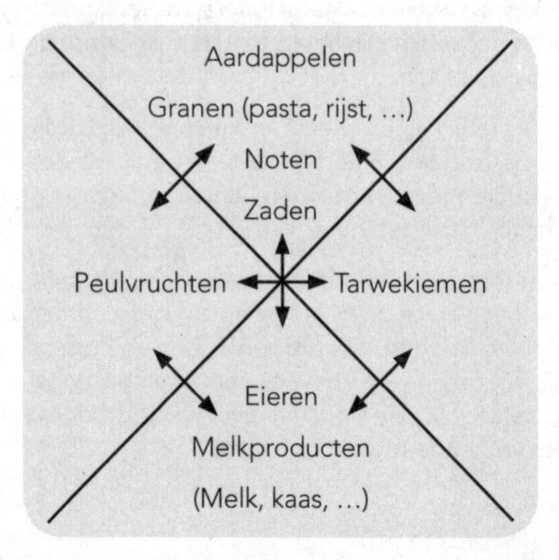

- Zorg er ook voor dat u voldoende ijzer binnenkrijgt. IJzer zit in rood vlees maar ook in groenten, brood, graanproducten (pasta, rijst, ...), peulvruchten, eieren en vleesvervangers. IJzer uit plantaardige producten wordt beter in het lichaam opgenomen als het samen met een vitamine C-rijk product (groente, fruit of sap met vitamine C) wordt gegeten.
- Vitamine B12 komt alleen voor in dierlijke producten. Vegetariërs halen B12 vooral uit melkproducten, kaas en ei. Wie deze niet neemt, krijgt vaak vroeg of laat een tekort aan vitamine B12. In dat geval kan, in overleg met de huisarts, een supplement worden ingeschakeld.

Snel klaar (5 - 6)

Een lekkere, verse en evenwichtige maaltijd, die bovendien snel klaar is: een paar ideeën ...

Snelle tips

- Hebt u geen tijd om verse groenten klaar te maken? Kies dan voor groenten uit diepvries, blik of glas. Door de snelle verwerking na de oogst blijven voedingsstoffen maximaal behouden. De groente- en fruitafdeling biedt ook een ruim aanbod aan schoongemaakte en klein gesneden rauwkost. Verse groenten worden vaak niet meteen na de oogst bereid en zullen dus niet noodzakelijk meer voedingsstoffen bevatten.
- Diepgevroren vruchten zijn ideaal in ontbijtgranen, milkshakes, smoothies, yoghurt, plattekaas enzovoort: een gezond alternatief voor vers fruit als ontbijt of tussendoortje.
- Diepgevroren of voorgebakken brood zet u snel op tafel, vooral als u enkel ontdooit of bereidt wat u nodig hebt. Bovendien is het altijd vers.
- Bepaalde soorten pasta, rijst, couscous en tarwegranen kunnen ook in de magnetron klaargemaakt worden. In 1 à 2 minuten zijn ze gaar. Deze varianten zijn duurder, maar u wint er veel tijd mee.

- Een gebraden kip die u in de winkel of op de markt koopt, kan af en toe als basis dienen voor een snelle gezonde maaltijd; verwijder wel het vel en beperk de hoeveelheid jus.
- Gebruik een hogedrukpan; dat gaat een stuk sneller.
- Maak een weekschema en plan de aankopen op een vaste dag; zo is er steeds een voorraad gezonde voeding in huis.

Geplande extra's

'Geplande extra's' zijn iets anders dan 'restjes'. Restjes blijven ongewild over na een maaltijd. U kunt echter ook bewust grotere hoeveelheden bereiden dan voor één maaltijd nodig is. Deze extra hoeveelheden kunt u dan later nog verwerken in een ander gerecht, of in porties invriezen. Hier volgen een paar ideeën voor snelle, gezonde maaltijden op basis van extra's.

Tips voor het herbruik van extra's

- Bereide groenten

  Grill ze in de grillpan, verwerk ze in een omelet, maak er soep van of salade (ook met gekookte of gestoomde groenten is een salade heerlijk), leg ze op een zelfgemaakte pizza, ...
- Groenten bereid in saus

  Meng ze met gekookte pasta, rijst of aardappelen en gratineer in de oven.
- Pasta

  Kleine pastavormen maken van een groentesoep een maaltijdsoep. Voeg ze bij een salade in plaats van er brood bij te serveren.
- Aardappelen

  Verwerk in salade, soep, omelet. Bak ze of verwerk ze tot puree.

- Rijst

  Roerbak de rijst in de wok met groenten, voeg toe aan soep of salade (bv. met koude zeevruchtenmix) of maak eens rijstpap als ontbijt of lunch. Rijst kan ook perfect dienen als vulling voor aubergines, courgettes, paprika's, tomaten, ... al dan niet gemengd met andere groenten of vlees.
- Vis

  Maak een slaatje (zalmsla, tonijnsla, ...) voor op brood of verwerk de vis in een groentesalade.
- Gevogelte, zoals kip of kalkoen

  Snijd fijn en gebruik als broodbeleg, in salade, in soep, in een stoofpot met aardappelen en groenten, of als topping voor pizza. Voeg ze toe aan deegwaren of rijst met eventueel een extra portie bereide groenten.
- Alle vlees en vis

  Kort bakken of grillen en verwerken in stoofpotten met aardappelen, salades van groenten, rijst of pasta. Mengen met vetarme dressing en kruiden en met groenten voor broodbeleg.
- Alle extra's

  Alle extra's kunnen meestal wel dienen voor quiche, pizza, salade of omelet.

▪ Veilig bewaren

Het bewaren en opnieuw gebruiken van restjes en extra porties is een echte aanrader. U heeft om te beginnen al niet de neiging om teveel te gaan eten, omdat het "zonde is om eten weg te gooien" en u bespaart ook tijd! Het is echter belangrijk dat deze restjes en extra porties op een veilige manier worden bewaard, zodat de maaltijd net zo gezond is als wanneer u verse producten gebruikt. Beter voorkomen dan genezen ...

Bewaartips

- Verpak bereid voedsel zo snel mogelijk en zorg ervoor dat er zo weinig mogelijk lucht bij kan, om het aantal bacteriën tot een minimum te beperken.
- Koel de bereiding zo snel mogelijk af.
- Als u bereid voedsel niet binnen de 3 dagen gaat opeten, vries het dan liever in. Ook hier is het belangrijk om uw voedsel af te sluiten, zodat er zo weinig mogelijk lucht bij kan.

Bewaartijd van voeding in de koelkast [7]

Voedingsmiddel	Te consumeren binnen ...
Yoghurt, cottage cheese	7 dagen
Harde kaas ongeopend	6 tot 12 weken
Harde kaas geopend	1 week
Kaassmeersels	3 tot 4 weken
Eieren, rauw	3 weken
Eieren, hardgekookt	1 week
Verse vis, rauw	1 tot 2 dagen
Krabvlees, garnalen	2 tot 3 dagen
Mosselen, schelpen	1 tot 2 dagen
Charcuterie	3 tot 5 dagen
Gevogelte, rauw	1 tot 2 dagen
Gevogelte, bereid	3 tot 4 dagen
Karbonade, rauw	1 tot 2 dagen
Gebraad (rund, varken), steak, kotelet, rauw	3 tot 5 dagen
Gebraad (rund, varken), steak, kotelet, bereid	3 tot 4 dagen
Sneetjes gekookte ham	3 tot 4 dagen
Rundergehakt, rauw	1 tot 2 dagen
Worst, rauw	1 tot 2 dagen

Budgetvriendelijk

Is gezonde voeding duur?

Dat is de vraag die regelmatig de actualiteit haalt en niet zelden tot verbazing leidt. Wie een koek van een 'wit product' naast een appel legt, kan met het koekje vaak zo'n 3 maal goedkoper af zijn, zelfs in het appelseizoen. Zit het inderdaad zo in elkaar, of is dat al te eenvoudig gesteld? Meer en meer wetenschappers buigen zich over deze problematiek.

Een Franse studie toont aan dat een gezond voedingspatroon met lage caloriewaarde van hogere kwaliteit is, maar ook duurder: een verhoging met 10% in kwaliteit, wordt 13% meer betaald. Met andere woorden: hoe calorierijker en ongezonder, hoe goedkoper ... Getuige hiervan de lagere prijs van geraffineerde graanproducten als vezelarme ontbijtgranen en wit brood, goedkope vleesbereidingen, en vette en suikerrijke producten.[(8)]

Een Canadese studie bevestigt dat families die het financieel niet breed hebben inderdaad voornamelijk energierijke en ongezonde voedingsmiddelen kopen, en dat gezonde voeding voor hen te duur is.

Mensen met minder financiële middelen kiezen ook vaker voor geconcentreerde energiebronnen, en voor voeding die langer bewaart, niet kwetsbaar is en snel op tafel staat. Dat zijn allemaal aspecten die de kostprijs drukken, maar ook de voedingswaarde verlagen en zo overgewicht bevorderen. Gelijkaardig gedrag wordt overigens ook in ons land vastgesteld.

Bovendien neemt het budgetaandeel voor voeding toe naargelang het inkomen daalt. In Canada besteedt een gemiddeld gezin 17% aan eten, maar voor mensen met een uitkering kan dit oplopen tot 42% van hun inkomen. Deze mensen hebben dus op zich al minder ruimte om voor de duurdere gezonde voeding te kiezen.[(9)]

Anderzijds blijken ook meer gegoede mensen sneller voor goedkopere - en dus vaak minder gezonde - voedingsmiddelen te kiezen: een gemiddeld gezin besteedt nu slechts 12% van haar budget aan voeding, waar dat 50 jaar geleden ongeveer 50% was ... [10]

Calorierijke voedingsmiddelen blijken verder ook minder gevoelig voor inflatie. De prijzen van groenten en fruit stijgen meer dan die van vetten en suikers. Ook dit verklaart waarom mensen met minder financiële middelen eerder voor deze laatste aankopen kiezen. [11]

Goedkoop gezond [12]

Studies bevestigen inderdaad de algemeen aanvaarde stelling dat hoe meer calorieën iets bevat, hoe minder gezond het is. Groenten en fruit zijn zeer voedzaam, leveren weinig energie maar zijn duur. Vetten en suikers zijn minder voedzaam, leveren veel energie maar zijn goedkoper.

Groenten en fruit blijken een goede investering omwille van een interessante prijs/kwaliteitverhouding, want de prijs voor groenten en fruit is relatief laag in verhouding tot de gezondheid die ze aanbrengen.

Wetenschappelijk onderzoek kon eveneens aantonen dat men met een betere voedingskennis een gezond en evenwichtig voedingspatroon kan samenstellen tegen een lagere prijs.

Zo kan binnen eenzelfde voedingsmiddelengroep een goedkopere en toch evenwaardige keuze worden gemaakt. Melk bijvoorbeeld is meestal een goedkoper alternatief dan yoghurt, plattekaas of andere zuivelproducten, en biedt dezelfde voedingswaarde.

Minder vlees eten kan geld vrijmaken voor fruit en groenten. We eten vaak toch al te veel vlees en de kost ervan is relatief hoog.

Aanbiedingen in een bepaalde voedingsmiddelengroep kiezen of winkelen in goedkopere supermarkten of winkels kan ook de prijs drukken. Onderzoek toont meestal geen verschil in kwaliteit noch in voedingswaarde tussen deze lagekostproducten en hun duurdere merkalternatieven. Let wel op de samenstelling van de producten op de etiketten die u koopt. Bij de producten waar er toch een klein verschil in kwaliteit is, staat dit overigens niet in verhouding met de veel hogere meerprijs die ervoor werd gerekend.

Tot slot blijken verse producten goedkoper dan bereide. Steeds meer mensen kiezen voor snelle oplossingen met kant-en-klaar maaltijden, voorbereide groenten, fruit enzovoort. Ook dit heeft een prijskaartje.

De cijfers liegen er niet om [13]

Dat gezonde voeding inderdaad niet duurder hoeft te zijn, toont een andere Franse studie. De kost van een gezonde en evenwichtige dagvoeding kan 25 tot 45% goedkoper, als die met kennis van zake wordt samengesteld en net voldoende calorieën aanbrengt. Een van de belangrijkste verklaringen is het prijsverschil tussen merkproducten enerzijds en hun 'witte' varianten (dit zijn de goedkoopste producten die winkelketens aanbieden) en huismerken (huismerken zijn iets duurder dan witte producten) anderzijds. Merknamen zijn gemiddeld 2,5 keer duurder.

Op basis van deze gegevens geven we u volgende tips:

Budgettips

- € Kies voor seizoensproducten.
- € Koop liever verse producten en geen kant-en-klare maaltijden.
- € Koop in grotere verpakkingen. Dat kost minder dan voorverpakte producten. Vries vervolgens groenten, vlees en vis in kleine porties in.
- € Koop groenten en fruit rechtstreeks op de boerderij. Dit laat zich voelen in prijs én kwaliteit. Wie in de stad woont, kan een half uur vóór het einde van de markt vaak aan lagere prijs kopen.
- € Neem een groente- en fruitabonnement. Sommige landbouwers en winkels bieden dit aan. Wekelijks staat er een mand met seizoensgroenten en -fruit klaar.
- € Doe uw inkopen in winkels waarvan u weet dat de prijzen er laag zijn.
- € Producten van het huismerk en 'witte producten' zijn goedkoper dan merkproducten. Die producten liggen soms niet op ooghoogte, maar bovenaan of helemaal onderaan in het schap. Wie zoekt, die vindt ...
- € Vergelijkt u prijzen? Doe dit dan per liter of per kilogram. Niet per verpakking.
- € Kies binnen één voedingsmiddelengroep uit de actieve voedingsdriehoek voor de goedkoopste varianten.
- € Geef eerder wat meer uit aan volle graanproducten, aardappelen, groenten en fruit, en eet minder vlees.

Asperges op z'n Vlaams (44)

Warme ananas met vanille (54)

Fruitkeuzes doorheen de seizoenen

Jan	Ananas • Appel • Banaan • Bloedappelsien • Citroen • Kiwi • Mandarijn • Peer • Pompelmoes • Sinaasappel
Feb	Ananas • Appel • Banaan • Bloedappelsien • Citroen • Kiwi • Mandarijn • Peer • Pompelmoes • Sinaasappel
Maa	Ananas • Appel • Banaan • Bloedappelsien • Citroen • Kiwi • Mandarijn • Peer • Pompelmoes • Rabarber • Sinaasappel
Apr	Ananas • Appel • Banaan • Citroen • Pompelmoes • Rabarber • Sinaasappel
Mei	Aardbei • Ananas • Appel • Banaan • Citroen • Pompelmoes • Rabarber • Sinaasappel
Jun	Aardbei • Abrikoos • Ananas • Appel • Banaan • Citroen • Kers • Kriek • Kruisbes • Meloen • Pruim • Rabarber
Jul	Aardbei • Abrikoos • Bosbes • Braambes • Citroen • Framboos • Kers • Kriek • Kruisbes • Meloen • Perzik • Pruim • Rabarber • Rode bes • Zwarte Bes
Aug	Abrikoos • Appel • Bosbes • Braambes • Druif • Kiwibes • Kruisbes • Meloen • Perzik • Pruim • Rode bes • Zwarte bes
Sep	Appel • Banaan • Braambes • Citroen • Druif • Kiwibes • Meloen • Peer • Perzik • Pruim
Okt	Appel • Banaan • Druif • Kiwi • Kiwibes • Mandarijn • Peer
Nov	Ananas • Appel • Banaan • Citroen • Druif • Kiwi • Mandarijn • Peer • Pompelmoes • Sinaasappel
Dec	Ananas • Appel • Banaan • Bloedappelsien • Citroen • Kiwi • Mandarijn • Peer • Sinaasappel

3

Recepten

70 recepten voor 4 seizoenen

Met de recepten in dit hoofdstuk zetten we de theorie en de tips om in de praktijk.

Elk seizoen komt aan bod met tal van recepten van eigen bodem. Ontdek of herontdek typische gerechten uit de verschillende streken van ons land.

Proef in de lente een 'gegratineerd witloof op z'n Brabants'; een 'konijn met mosterd uit Hoogstraten' in de zomer; misschien een 'hete bliksem uit Haspengouw' in de herfst of een 'Blankenbergse omelet met oesterzwammen en garnalen' in de winter. U vindt geregeld een gezonde en evenwichtige variant van een gastronomisch streekrecept en per seizoen komt ook een feestrecept aan bod.

Dit boekje bevat dus heel wat smakelijke gerechten, waarvan de ingrediënten hoofdzakelijk van eigen bodem afkomstig zijn. Bovendien geven we u weekplannen per seizoen die als handige leidraad kunnen dienen.

Ieder recept bevat tot slot tips voor snelle, budgetvriendelijke variaties én ideeën om restjes tot heerlijke alternatieven om te toveren.

Heerlijk, gemakkelijk en economisch zijn de grote troeven van deze gezonde en evenwichtige recepten.

Gebruik de ideeën uit dit boekje, voeg er wat fantasie aan toe en met een beetje kookkunst, verwezenlijkt u de verrukkelijkste seizoensgerechten voor de hele familie!

Smakelijk!

Receptenwijzer

Alle recepten zijn voor 4 personen, tenzij anders vermeld.

Als vetstof voor de warme bereidingen raden we u aan om olie of 100% plantaardige margarine te gebruiken. Arachide-, maïs-, druivenpit- en zonnebloemolie hebben een neutrale smaak en zijn het meest geschikt voor warme bereidingen. U kunt ook olijfolie gebruiken, maar die heeft een minder neutrale smaak.

GEBRUIKTE SYMBOLEN	
🕓	Sneltip
♻	Recyclagetip
€	Budgettip
V	Vegetarisch recept of recept met mogelijkheid tot vegetarische variant
F	Feestgerecht
1 kl	1 koffielepel
1 el	1 eetlepel

Lenterecepten met tips & trucs

Aardbeiensmoothie

Bereidingstijd: 10 min

INGREDIENTEN

400 g aardbeien • 250 ml magere yoghurt • 1 limoen of citroen • vanillepoeder • suiker (eventueel) • ijsblokjes (eventueel)

VOORBEREIDING

Maak de aardbeien schoon. Pers de citroen of limoen.

BEREIDING

Meng alles in een keukenblender of met een mixer en verdeel over 4 glazen. Breng op smaak met vanillepoeder en, indien gewenst, met wat suiker. Voeg eventueel wat ijsblokjes toe.

Geen yoghurt meer en nog wat aardbeien over? U kunt ook gewoon aardbeien mixen, al dan niet samen met ander fruit, en dit drinken als gezond tussendoortje.

Dit is een prima recept om aardbeien die wat te rijp zijn toch nog te verwerken.

€ Deze smoothie smaakt heerlijk met alle soorten aardbeien, ook met de goedkoopste ...

Boterham met rabarbermoes 

Bereidingstijd: 20 min

INGREDIENTEN

1 kg rabarberstelen • max. ½ kg suiker • max. 100 ml water • bindmiddel (eventueel) • grenadine (eventueel) • vanillepoeder (eventueel) • kaneelpoeder (eventueel) • rietsuiker (eventueel) • gember (eventueel) • bruin brood • magere plattekaas of yoghurt

VOORBEREIDING

Verwijder met een mes de onderkant van de rabarberstelen. Spoel de stelen goed af en snijd ze in dobbelsteentjes.

BEREIDING

Stoof de rabarber afgedekt zachtjes gaar in 5 à 6 minuten. De rabarber gaart in het water dat ze zelf afgeeft; voeg indien nodig water toe. Bind naar wens met bijvoorbeeld maïzena. Voeg er voor een extra rode kleur wat grenadine aan toe. Wilt u wat extra smaak? Experimenteer met vanille- of kaneelpoeder of met een combinatie van rietsuiker en gember.

Laat de moes afkoelen en breng dan pas op smaak met de suiker. Op die manier hebt u minder suiker nodig. Besmeer een (geroosterde) bruine boterham met een laagje magere plattekaas en rabarbermoes.

Maak de rabarbermoes op voorhand klaar. Luchtdicht kunt u hem bewaren op kamertemperatuur, eens geopend in de koelkast.

U kunt de moes ook invriezen, net als de verse, gewassen en in blokjes gesneden rabarber.

Niet veel tijd? Rabarbermoes is ook te koop in glas.

 Dit dessert tovert u zo om in een feestdessert: serveer de rabarbermoes bij vanille-ijs of pannenkoeken.

Als tussendoortje in plattekaas of yoghurt of met aardbeien.

Dit is het lekkerst bij geroosterd brood: ideaal om oud brood te verwerken.

€ Van april tot juli is er volop rabarber, dan is hij het goedkoopst.

Veggiejuice 𝒱

Bereidingstijd: 15 min

INGREDIËNTEN

500g wortelen • 300 g selder • ½ citroen • gember, vers of in poeder

BEREIDING

Maak de groenten schoon, behoud van de selder ook de bladeren. Snijd alles fijn. Rasp de citroen. Meng de ingrediënten in een shaker of met de mixer. Breng op smaak met de gember. Als u verse gember gebruikt, mix die dan mee. Serveer in een wijn- of champagneglas en versier met een rietje en een takje selderblad.

Oost-Vlaamse preisoep V

Bereidingstijd: 35 min

INGREDIENTEN

900 g prei • 300 g aardappelen • 30 g ui of sjalot • 1 el olie of 100% plantaardige margarine of olie • 1 l water • (verse) tijm • zwarte peper • zout • 2 blokjes vetarme bouillon

VOORBEREIDING

Snijd de prei in ringen en de aardappel en ui/sjalot in blokjes.

BEREIDING

Stoof de groenten met wat tijm in de vetstof. Voeg het water en de bouillon toe en laat zeker 30 minuten koken. Mix de soep, indien gewenst. Breng op smaak met peper en een beetje zout.

Bereid de soep in grote hoeveelheid en vries ze in kleine porties in. U zet dan in een mum van tijd iets lekkers op tafel. Bovendien hebt u op die manier steeds een gezonde snack bij de hand voor tussendoor.

Deze soep tovert u snel om in een feestsoep als u er bijvoorbeeld krokante broodkorstjes aan toevoegt.

Ook koud is deze soep erg lekker: handig om mee te nemen voor een picknick op een zonnige lentedag.

Ideaal om prei- en/of aardappelrestjes van de dag voordien te verwerken.

U kunt het water in deze soep gedeeltelijk of volledig vervangen door melk. Invriezen is dan echter niet meer mogelijk.

€ Voor soep hoeft u geen kwaliteitsprei of stoofprei te nemen; soepprei is ook prima.

Water- en tuinkerssoep V

Bereidingstijd: 30 min

INGREDIENTEN

1 ½ l ontvette bouillon (groentebouillon, kippenbouillon, of andere) • 2 uien • 2 bosjes waterkers • 100 g tuinkers • 50 g (bij voorkeur volle) rijst of 1 aardappel in fijne blokjes • 2 el (zonnebloem)olie of 100% plantaardige margarine • tijm • laurier • peper • een beetje zout • nootmuskaat • citroensap (eventueel)

VOORBEREIDING

Snipper de ui. Was de tuin- en waterkers in water. Giet het water af en hak de groenten fijn.

BEREIDING

Fruit de ui glazig in de vetstof. Voeg de bouillon, de kruiden en de rijst of aardappel toe. Laat 20 minuten koken. Voeg de tuin- en waterkers toe. Laat nog 3 minuten doorkoken, maar haal het deksel van de pan om de groene kleur te bewaren. Heeft u de soep met aardappel bereid, dan kunt u ze mixen. Voeg naar smaak wat citroensap toe.

Bereid de soep in grote hoeveelheid en vries ze in kleine porties in. U zet dan in een mum van tijd iets lekkers op tafel. Bovendien hebt u op die manier steeds een gezonde snack bij de hand voor tussendoor.

Deze soep tovert u snel om in een feestsoep als u er bijvoorbeeld wat balletjes kipgehakt aan toevoegt.

Ideaal om restjes tuin- of waterkers te verwerken.

U kunt de bouillon gedeeltelijk of volledig vervangen door melk. Invriezen is dan echter niet meer mogelijk.

Kunt u beide groenten niet vinden? Met enkel tuinkers of alleen waterkers is deze soep ook heerlijk.

Avocadosalade V

Bereidingstijd: 20 min

INGREDIENTEN

400 g kalkoen-, kip- of quornfilet • 3 avocado's • 2 sinaasappels • 1 krop sla • 1 kleine rode ui • 3 el olijfolie • ½ el citroen- of limoensap • peper • een beetje zout • azijn naar smaak

VOORBEREIDING

Schil de avocado's, ontpit ze en snijd ze in blokjes. Doe hetzelfde met de sinaasappels. Snijd de ui fijn. Snijd het vlees of de vleesvervanger in reepjes. Maak de sla schoon.

BEREIDING

Meng alle ingrediënten, behalve de sla en het vlees of de vleesvervanger, en breng op smaak met peper en een beetje zout. Rooster of bak het vlees of de vleesvervanger mooi bruin. Kruid met peper en een beetje zout. Schik de sla op de borden. Schik hierop het avocadomengsel en de stukjes vlees(vervanger).

Bereid de avocadomengeling op voorhand en laat die marineren in de koelkast. Snel klaar als u aan tafel gaat en dubbel zo lekker.

Hebt u nog wat avocado over? Snijd ze in schijfjes en leg ze als rauwkost tussen de boterham. Als u gesneden avocado met citroen- of limoensap besprenkelt, verkleurt ze niet zo snel.

Restjes avocado kunt u ook pureren en op smaak brengen met wat citroen- of limoensap. Zo'n puree kunt u een paar maanden invriezen. Handig voor tussen de boterham of als dip voor groenten. Voeg er in dat geval wat tomaat, rode ui, koriander, extra limoen of citroen, peper en zout aan toe.

In deze salade kunnen ook stukjes kip of kalkoen verwerkt worden die over zijn van de dag voordien.

€ Vaak wordt voor een avocadosalade garnalen of krab gebruikt. Dat is iets duurder. Deze variatie met kip of kalkoen is net zo lekker maar goedkoper. Stukjes ham zijn ook een goed alternatief.

Asperges op z'n Vlaams V

Bereidingstijd: 35 min

INGREDIENTEN

2 kg asperges • 4 eieren • 4 el 100% plantaardige margarine of olie • 6 el water • 2 el gehakte peterselie • nootmuskaat • peper • een beetje zout

VOORBEREIDING

Kook de eieren hard. Schil de asperges met een dunschiller en stoom of kook ze ongeveer 5 à 10 minuten.

BEREIDING

Pel en verkruimel de eieren. Kook water, vetstof en kruiden (behalve de peterselie) op tot saus. Voeg op het einde pas de peterselie en de eieren toe. Schik de asperges op een bord en overgiet met de saus.

Als hoofdgerecht kunt u dit gerecht serveren met blokjes gekookte aardappel, die ook met een deel van de saus overgoten worden.

Gebruik groene asperges in plaats van witte : die hoeft u niet te schillen.

Kook extra asperges en verwerk ze samen met het kookwater tot aspergesoep.

Dit gerecht kan als lunch of voorgerecht dienen. Halveer in dat geval de hoeveelheden

€ Witte asperges zijn duurder dan de groene of wilde variant.

Hoe rechter de asperges, ook wel AA kwaliteit genoemd, hoe duurder. De krommere vormen zijn goedkoper, maar smaken precies hetzelfde.

U kunt ook de helft van de asperges vervangen door gekookte bladspinazie.

Makreelpaté met verse spinazie

Bereidingstijd: 15 min (exclusief optionele marinadetijd)

INGREDIENTEN

275 g makreelfilet, bij voorkeur gerookte • 200 g magere plattekaas of cottage cheese • 150 g verse spinazie • 3 el olie • 2 el fijngehakte peterselie • 1 à 2 el citroensap • zwarte peper

BEREIDING

Meng de makreel met de kaas, de olie, de peterselie, het citroensap en de peper. Als u de tijd hebt, laat u dit mengsel best afgedekt een paar uur marineren in de koelkast. Serveer op kamertemperatuur op een bedje van rauwe spinazie. Geef er geroosterd brood bij. Extra pit krijgt de paté door er wat mosterd aan toe te voegen.

Maak een dubbele portie van dit recept en geef het de volgende dag bij de boterham.

Bak of rooster eens makreel als hoofdmaaltijd. Neem wat extra vis en fileer hem om er deze paté mee te maken.

De spinazie kunt u perfect vervangen door witloofbladeren of waterkers. Gebruik dan geen mosterd als afwerking, maar mierikswortelpasta of kerriepoeder.

Voor een origineel aperitiefhapje serveert u deze paté in een vers witloofblad.

€ In ons land wordt makreel niet meer zoveel gegeten. Het is een goedkope vis die u op verschillende manieren klaar kunt maken. Makreelpaté is ook eens iets anders - en goedkoper - dan krab- of tonijnsalade ...

Vegetarisch raapgerecht V

Bereidingstijd: 50 min

INGREDIENTEN

500 g aardappelen • 500 g zoete aardappelen • 400 g geraspte kaas • 250 g (hazel)noten • 250 ml magere room • peper • zout • 800 g rapen

VOORBEREIDING

Maak de aardappelen en rapen schoon en kook ze gaar. Hak de noten fijn en rooster ze lichtbruin.

BEREIDING

Snijd de aardappelen en rapen in schijfjes. Leg ze in lagen in een ingevette ovenschotel. Bestrooi met de helft van de noten. Giet er de room over en kruid met peper en een beetje zout. Bestrooi met de geraspte kaas en de resterende noten. Gratineer in de oven.

- Noten roosteren geeft een fijnere smaak, maar is niet noodzakelijk.
- Maak een dubbele portie en serveer dit raapgerecht de volgende dag met vlees of vis.
- € Dit vegetarisch gerecht is een goedkoop en evenwichtig seizoensrecept.

Lentefricassee met champignons V

Bereidingstijd: 30 min

INGREDIENTEN

600 g kip-, kalkoen- of quornfilet of kalkoengebraad • 800 g Parijse champignons • 100 ml ontvette groente- of kippenbouillon • 100 ml magere room • 1 sjalotje • 1 el gehakte peterselie • 1 kl citroensap • 3 el (olijf)olie of 100% plantaardige margarine • peper • zout • bindmiddel (eventueel)

VOORBEREIDING

Maak de champignons schoon en snijd ze in schijfjes. Snijd het vlees of de vleesvervanger in blokjes en kruid met peper en een beetje zout. Versnipper het sjalotje.

BEREIDING

Bak de champignons even in de pan, in de helft van de vetstof, en hou ze apart. Bak in de resterende vetstof in dezelfde pan het vlees of de vleesvervanger bijna gaar. Haal het eruit en bak in dezelfde pan het sjalotje glazig. Leg het vlees of de vleesvervanger en de champignons terug in de pan en giet er de bouillon bij. Laat 5 minuten sudderen. Meng met de room en voeg eventueel nog wat bindmiddel toe. Breng op smaak met citroensap, peterselie, peper en een beetje zout. Serveer met (bij voorkeur volle) rijst of gekookte aardappelen.

Gebruik champignons uit glas of blik. Voeg die pas tegen het einde van de kooktijd toe.

Neem voorgekookte rijst.

U kunt voor dit recept heel goed kip gebruiken waarvan u de dag voordien bouillon hebt getrokken.

Met een restje bouillon en wat groenten maakt u van deze fricassee de volgende dag heerlijke soep.

Restje rijst over? Verwerk het in rijstpap (zie p. 113)

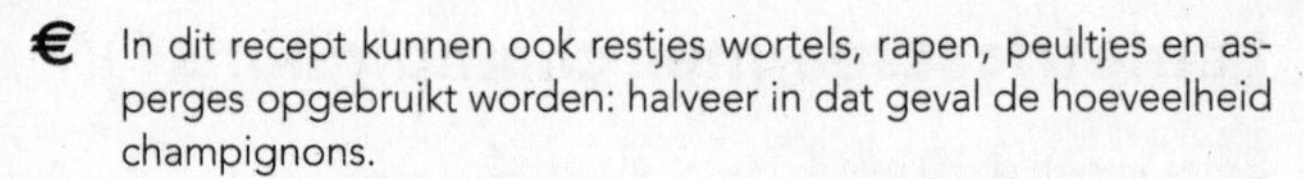

€ In dit recept kunnen ook restjes wortels, rapen, peultjes en asperges opgebruikt worden: halveer in dat geval de hoeveelheid champignons.

Wok met sojascheuten en rijst V

Bereidingstijd: 20 min

INGREDIENTEN

600 g kippewit of quorn, tofu, seitan • 250 g sojascheuten • sjalotjes • 2 el arachide- of sojaolie • 1 el sojasaus • 1 el (balsamico)azijn • 2 teentjes knoflook • 1 ui • 50 ml ontvette kippenbouillon • (verse) koriander • kerrie • peper

VOORBEREIDING

Maak de ui en de knoflook schoon en snijd ze fijn. Snijd de kip of vleesvervanger in dunne reepjes. Snipper de koriander fijn.

BEREIDING

Warm de olie in een pan of wok, voeg de stukjes knoflook en het vlees of de vleesvervanger toe en roerbak gedurende een paar minuten. Doe er de overige ingrediënten, behalve de koriander, bij. Roerbak nog een minuut op hoog vuur en meng dan ook de koriander erdoor. Serveer meteen, met (bij voorkeur volle) rijst.

Roerbakgerechten zoals deze zijn snel klaar. Wie het nog sneller wil, kiest vooraf gesneden kipfilet of blokjes vleesvervanger, en rijstvermicelli die rechtstreeks in de wok of pan kan. U kunt ook rijst voor in de magnetron gebruiken.

Rijst over? Verwerk het in rijstpap (zie p. 113)

€ Dit gerecht kunt u ook maken met een combinatie van scampi's en kip. Diepgevroren scampi's van een huismerk of eersteprijsproducten kunnen hier ook perfect voor gebruikt worden.

Gegratineerd witloof op z'n Brabants

Bereidingstijd: 35 min

INGREDIENTEN

8 witloofstronken • 8 sneden gekookte magere ham of 280 g (gerookte) sneden zalm • 240 g gemalen kaas, bijvoorbeeld gruyère • 500 ml halfvolle melk • peper • nootmuskaat • vetstof om in te vetten

VOORBEREIDING

Maak de witloofstronken schoon, kook ze gaar en laat ze goed uitlekken.

BEREIDING

Wikkel iedere witloofstronk in een snede ham/zalm en leg ze in een ingevette ovenschaal. Maak een eenvoudige kaassaus door de helft van de melk aan de kook te brengen en hierin de kaas, onder voortdurend roeren, te smelten tot een gladde saus. Blijf melk toevoegen tot de gewenste sausdikte is bereikt. Breng op smaak met peper en nootmuskaat en overgiet het witloof hiermee. Gratineer onder de grill tot de saus mooi kleurt. Serveer met gekookte aardappelen of aardappelpuree.

Maak de schotel op voorhand en gratineer vlak voor het opdienen.

Restje over? Gratin is de volgende dag vaak nog lekkerder!

€ U kunt ook gewone ham kiezen in plaats van magere ham. Verwijder in dat geval eerst de vetranden.

Kabeljauw met broccolipuree

Bereidingstijd: 30 min

INGREDIENTEN

600 g kabeljauwfilet • 800 g broccoli • 1 sjalotje • 2 blokjes visbouillon • 200 ml water • 3 el olie of 100% plantaardige margarine • peper • zout

VOORBEREIDING

Kook de broccoli gaar. Giet de groenten af, houd het kookvocht bij in een glas, en pureer. Snijd het sjalotje in kleine stukjes.

BEREIDING

Meng de broccoli met het sjalotje, de visbouillon en het bijgehouden kookvocht van de broccoli tot de gewenste consistentie. Breng op smaak met peper. Stoom of bak de vis, overgiet met de (gesmolten) vetstof en bestrooi met peper en een beetje zout. Serveer met gekookte aardappelen of meng de broccolipuree met een gelijke hoeveelheid aardappelpuree. Blauwe kaas door de broccoli geeft een extra pittige toets. Vooral als u kiest voor gestoomde vis, is dit een heerlijk bijgerecht. Reken in dat geval op 80 g kaas voor 4 personen.

Neem diepvriesbroccoli.

Gooi de stronken en stengels van de broccoli niet weg: zowel rauw als gekookt zijn ze erg lekker in salades.

Nog wat broccoli over? Maak er soep van!

€ Gebruik diepvrieskabeljauw.

Vegetarisch paasgerecht met peultjes en mie *VF*

Bereidingstijd: 50 min

INGREDIENTEN

600 g quorn- of tofublokjes • 500 g mix van peultjes, wortelen en groene asperges • 250 g mie of rijstvermicelli • 1,5 paprika (bij voorkeur rood voor de kleurvariatie) • 3 sjalotjes • 2 knoflookteentjes • 1 rode peper (eventueel) • 4 el geroosterde sesamolie (of arachide- of zonnebloemolie) • 3 cm verse gemberwortel of 1,5 kl gemberpoeder • 3 el sesamzaad • 4 el sojasaus • peper

VOORBEREIDING

Roer de quorn- of tofublokjes om met de sojasaus en wat peper. Zet weg in de koelkast. Maak alle groenten schoon en snijd ze in blokjes of plakjes. Verwijder de zaadjes uit de peper en snijd in fijne stukjes. Rooster de sesamzaadjes lichtbruin.

BEREIDING

Roerbak de knoflook en de sjalotjes met de gember en de peper in de olie. Voeg na een minuut de quorn- of tofublokjes toe. Bak ze lichtbruin. Doe er de groenten bij en blijf roerbakken op hoog vuur tot ze beetgaar zijn. Voeg dan de mie toe, volgens de aanwijzingen op de verpakking en, indien nodig, extra bouillon of water. Breng op smaak met gember, peper en sojasaus. Bestrooi met het sesamzaad.

Sesamzaadjes roosteren geeft een fijnere smaak, maar het is niet noodzakelijk.

Gebruik restjes rauwkost om er groentesoep van te maken, of geef ze bij de boterham.

€ U kunt dit recept ook met andere groenten maken. Oesterzwammen en broccoli zijn bijvoorbeeld ook heel lekker. Maak uw keuze op basis van de aanbiedingen van de dag en kies liefst groenten in verschillende kleuren.

Gevulde koolrabi ♈

Bereidingstijd: 60 min

INGREDIENTEN

4 grote koolrabi's • 2 sneden oud brood • 1 ui • 400 g mager runds- of varkensgehakt of quorngehakt • 1 el mosterd • 250 ml magere runderbouillon • peper • zout • nootmuskaat • bindmiddel

VOORBEREIDING

Verwijder de buitenste bladeren en stengels van de koolrabi's. Schil de koolrabi's, was ze en kook ze gaar. Snijd de kapjes ervan af. Hol de koolrabi's uit en houd het vruchtvlees apart. Snijd de korsten van het brood. Week het brood in koud water.

BEREIDING

Meng het gehakt met het fijngehakte vruchtvlees, de ui, de mosterd, het uitgeknepen brood, peper en een beetje zout. Vul er de koolrabi's mee. Giet de bouillon in een ovenvaste schaal en plaats de koolrabi's erin. Zet de schaal gedurende 25 à 30 minuten in een oven van 200°C. Giet de bouillon vervolgens over in een pan en werk hem af met peper, een beetje zout en nootmuskaat. Breng de bouillon kort aan de kook met wat bindmiddel. Serveer de koolrabi's met gekookte aardappelen of aardappelpuree en overgiet met de saus.

In plaats van de koolrabi's te vullen, kunt u ze ook koken of stoven en in schijven opdienen met een geroosterde burger van mager gehakt.

Met het vruchtvlees van de koolrabi's kunt u soep maken.

Warme ananas met vanille

Bereidingstijd: 20 min

INGREDIENTEN

1 ananas • 6 vanillestokjes • 150 g poedersuiker

VOORBEREIDING

Snijd de ananas verticaal in vieren en verwijder de kern. Snijd de vanillestokjes in vieren.

BEREIDING

Prik de vanillestokjes in de ananas. Wentel de ananas in de poedersuiker. Rooster de ananas 10 à 15 minuten op de barbecue of in de oven, en gebruik tegen het einde de grill. Serveer meteen.

In plaats van vanillestokjes kunt u ook gewoon vanillepoeder gebruiken.

Met een bol vanille-ijs erbij tovert u dit nagerecht om in een echt feestdessert.

Dit is een prima recept om een overrijpe ananas alsnog te verwerken.

€ Dit nagerecht smaakt lekker met alle soorten ananas, ook met de goedkoopste ...

Gegratineerde pompelmoes

Bereidingstijd: 15 min

INGREDIENTEN

3 pompelmoezen • 2 sinaasappels • 1 citroen of limoen • 200 ml magere room • 100 g suiker • 4 eidooiers

VOORBEREIDING

Pel de pompelmoezen en sinaasappels en snijd ze in stukken. Pers de citroen of limoen en meng met de overige ingrediënten in een aparte schaal.

BEREIDING

Verwarm de ovengrill. Verdeel het fruit over 4 vuurvaste schaaltjes. Verdeel hierover de mix van de overige ingrediënten. Grill even in de oven.

Hebt u niet veel tijd en toch zin in een tussendoortje op een regenachtige lentedag? Dan kiest u gewoon voor de eenvoudiger versie: snijd de gepelde citrusvruchten in schijven, overgiet ze met honing en grill.

Verwerk de restjes van de citrusvruchten in een groentensla: fruit geeft een pittige toets. Een voorbeeld is de avocadosalade op p. 43.

€ Kies voor dit recept gerust de goedkoopste aanbieding die u kunt vinden.

Bananencake met chocolade

Bereidingstijd: 60 min

INGREDIËNTEN

170 g zelfrijzend bakmeel • 170 g 100% plantaardige margarine • 150 g suiker • 100 g pure chocolade (70%) • 3 bananen • 3 eieren • 2 zakjes vanillesuiker

BEREIDING

Warm de oven voor op 180°C. Smelt de margarine, snijd de gepelde bananen in plakjes en breek/snijd de chocolade in hele kleine stukjes. Meng alle ingrediënten tot een homogeen beslag en schep het in een ingevette cakevorm. Bak de cake 45 minuten op 180°C.

Zomerrecepten met tips & trucs

Perziken-abrikozenshake

Bereidingstijd: 5 min

INGREDIENTEN

4 abrikozen • 2 perziken • 300 ml karnemelk • 2 el limoen- of citroensap • vanille-essence of vanillepoeder • suiker naar smaak • 4 ijsblokjes

VOORBEREIDING

Ontpit de vruchten en snijd ze fijn.

BEREIDING

Meng de vruchten met het citroensap en mix. Roer de karnemelk erdoor. Breng op smaak met de vanille-essence of de vanillepoeder en wat suiker. Serveer met ijsblokjes.

Gebruik vanillesuiker in plaats van een combinatie van essence/ poeder en suiker.

Serveer als feestdessert met vanille-ijs.

€ Ook buiten het seizoen kunt u deze shake maken. Met perziken en abrikozen uit blik smaakt de shake net zo goed.

Frambozen-bessenontbijt

Dit gerecht bereidt u best 12 uur van tevoren.

Bereidingstijd: 10 min (exclusief aangeraden 12u in de koelkast)

INGREDIENTEN

12 plakjes (oud) bruin brood • mengeling van 700 g frambozen en bessen • 8 el magere yoghurt of plattekaas • 8 el muesli of andere ontbijtgranen • suiker naar smaak

BEREIDING

Maak het fruit schoon. Voeg er 2 eetlepels water bij en laat het een paar minuten pruttelen met het deksel op de pan tot u een moes krijgt. Breng op smaak met wat suiker, indien gewenst. Bekleed de randen van vier schoteltjes met brood en vul vervolgens met het moes. Bedek de schoteltjes met de rest van het brood en dek af met bordjes. Laat een dag of nacht staan. Serveer met als coulis de yoghurt of plattekaas en bestrooi met de ontbijtgranen.

Gebruik een diepvriesmix van rode vruchten in plaats van vers fruit.

Laat het fruit gaar worden in de magnetron.

U kunt de fruitmoes invriezen.

Deze moes is ook een lekker tussendoortje.

Dit ontbijtidee tovert u om in een feestelijk dessert als u de moes serveert met ijs of sorbet.

€ U kunt dit recept maken met elk soort fruit dat op dat moment in de aanbieding is.

Verfrissende komkommersoep V

Bereidingstijd: 10 min

INGREDIENTEN

1 komkommer • 250 ml magere yoghurt • 2 kopjes gehakte ijsblokjes • 150 g gepelde en gemalen walnoten • 3 geperste knoflookteentjes • 3 el olie (olijf-, walnoten- of zonnebloemolie) • zout • citroensap (eventueel) • dille, vers of gedroogd (eventueel)

VOORBEREIDING

Verwijder met een dunschiller de schil van de komkommer en snijd het vruchtvlees heel fijn. Meng de walnoten met de olie, een beetje zout en de knoflook.

BEREIDING

Verdeel de komkommer over de soepborden. Vermeng de yoghurt met het gehakte ijs en giet over de komkommer. Versier elk bord soep met 1 el van het notenmengsel. Druppel er eventueel wat citroensap op en strooi er wat dille over. Serveer met (geroosterd) brood.

Ideaal om restjes komkommer op te maken.

Voor deze soep kunt u gerust goedkope komkommer en yoghurt gebruiken.

Courgette-waterkerssoep V

Bereidingstijd: 30 min

INGREDIËNTEN

1 grote courgette • 1 bussel waterkers • 1 grote ui • 1 grote aardappel • 3 blokjes bouillon • wat olie of 100% plantaardige margarine • peper

BEREIDING

Maak de groenten en aardappel schoon, en snijd ze fijn. Stoof de ui glazig in de margarine. Voeg courgette, waterkers en aardappelen toe en stoof nog even al roerend mee. Voeg de bouillon, wat peper en water toe tot de groenten net niet onderstaan. Laat ongeveer 20 minuten koken en mix. Als de soep te dik is, voeg dan water toe tot de gewenste consistentie. Breng op smaak met eventueel nog wat extra peper en/of bouillon.

Koude paprikasoep 𝒱

Bereidingstijd: 30 min

INGREDIENTEN

4 paprika's (eventueel vooraf gegrild) • 1 ui • ½ l ontvette bouillon, van kip of groenten • 120 ml magere room of melk • 3 el tomatenpuree • 1 el olie of 100% plantaardige margarine • paprikapoeder • peper • takje rozemarijn

VOORBEREIDING

Maak de paprika's en de ui schoon en snijd in stukjes.

BEREIDING

Stoof de ui glazig in de vetstof, samen met de rozemarijn. Verwijder de rozemarijn, voeg de paprika en de helft van de bouillon toe en laat 15 minuten koken. Roer de tomatenpuree erdoor. Mix de soep, zeef ze indien gewenst. Voeg verder bouillon toe tot de gewenste consistentie en breng op smaak met de kruiden en de room of wat melk. Deze soep wordt traditioneel koud gegeten, maar kan ook warm geserveerd worden.

Deze soep is handig om mee te nemen als lunch op een warme zomerdag.

Bereid de soep in grote hoeveelheid en vries ze in kleine porties in. U zet dan in een mum van tijd iets lekkers op tafel. Bovendien hebt u op die manier steeds een gezonde snack bij de hand voor tussendoor.

Voeg in geval van invriezen de room of melk pas bij het opdienen toe.

Ideaal om restjes paprika te verwerken.

€ U kunt voor dit gerecht gerust de goedkoopste paprika's kiezen. Maar neem best geen groene, want die hebben een heel andere smaak.

Maatjes met appel

Bereidingstijd: 10 min

INGREDIENTEN

4 maatjesharingen • 4 sneden roggebrood • 1 appel (Granny Smith) • 1 ui • 1,5 el zure room • 1,5 el magere yoghurt • 2 kl citroensap • (zwarte) peper • dille, bieslook en peterselie of kervel (eventueel)

VOORBEREIDING

Schil de appel, pel de ui en snijd ze in hele kleine stukjes.

BEREIDING

Meng de stukjes appel en ui met het citroensap, de yoghurt en de zure room. Beleg het brood hiermee en schik er de maatjes op. Werk af met peper en indien gewenst met wat dille, bieslook, peterselie of kervel.

U kunt ook oud brood gebruiken, dat u gewoon roostert.

U kunt het brood ook vervangen door restjes gekookte aardappel: snijd die in schijfjes, schik hierop het appel-uimengsel en tenslotte de maatjes.

Visterrine uit Henegouwen

Dit gerecht bereidt u best 2 dagen van tevoren.

Bereidingstijd: 30 min (exclusief twee dagen opstijven van de terrine)

INGREDIENTEN

voor 1 terrine:

1 kg witte visfilets, bijvoorbeeld van forel of paling • 1,5 l dragonazijn • 10 gelatineblaadjes • 2 uien • 2 wortels • 2 citroenen • 3 el olie • 100 g bloem • 50 g 100 % plantaardige margarine • 1 blokje visbouillon • jeneverbessen, augurken en laurierblaadjes ter versiering

VOORBEREIDING

Snijd de ui in fijne ringen en de wortels in dunne schijfjes. Blancheer in gezouten water tot ze beetgaar zijn. Snijd de vis in stukjes van gelijke grootte. Schil de citroen, snijd hem in fijne ringen en haal de pitjes eruit. Week de gelatine in koud water.

BEREIDING

Breng de azijn met het bouillonblokje aan het sudderen. Wentel de stukjes vis in wat bloem en bak ze kort bruin in de olie. Laat afkoelen. Maak een roux met de margarine en de bloem en voeg de bouillon toe. Breng aan de kook en breng op smaak met peper, zout en het citroensap. Voeg de uitgeknepen gelatineblaadjes toe. Leg afwisselend laagjes vis, ui, citroen en wortel in een terrine. Overgiet met de warme saus en versier met de jeneverbessen, augurken en laurierblaadjes. Wacht 2 dagen alvorens de terrine aan te snijden. Serveer met brood. Deze terrine kan in de koelkast 1 à 2 weken bewaard worden.

Kies voorgesneden wortels en uiringen.

Deze terrine is heerlijk als broodbeleg, als voorgerecht of zelfs als maaltijd op een warme dag.

€ Kies voor goedkope witte vis, vers of diepgevroren.

Verfrissende komkommersoep (60)

Kaaspannenkoek uit Beaumont (86)

Groentekeuzes doorheen de seizoenen

Jan	Boerenkool • Groene kool • Knolselder • Koolraap • Pastinaak • Peultjes • Pompoen • Prei • Raap • Rammenas • Rode biet • Rode kool • Savooi • Schorseneren • Sojascheut • Spruiten • Ui • Veldsla • Witloof • Witte kool • Wortel
Feb	Avocado • Boerenkool • Champignons • Groene kool • Knolselder • Koolraap • Pastinaak • Pompoen • Prei • Raap • Rammenas • Rode biet • Rode kool • Savooi • Schorseneren • Sojascheut • Spruiten • Ui • Veldsla • Venkel • Witloof • Witte kool • Wortel
Maa	Avocado • Boerenkool • Broccoli • Champignons • Knolselder • Koolraap • Oesterzwam • Pastinaak • Prei • Raap • Rammenas • Rode biet • Rode kool • Schorseneren • Sojascheut • Spinazie • Veldsla • Witloof • Witte kool
Apr	Andijvie • Avocado • Boerenkool • Broccoli • Champignons • Koolrabi • Kropsla • Prei • Raap • Radijs • Sla • Tuinkers • Selder • Spinazie • Tuinboon • Tuinkers • Ui • Waterkers • Witloof
Mei	Andijvie • Asperge • Bloemkool • Champignons • Koolrabi • Kropsla • Peultje • Postelein • Raap • Radijs • Sla • Selder • Sojascheut • Spinazie • Spitskool • Tuinkers • Ui • Waterkers • Wortel
Jun	Andijvie • Artisjok • Asperge • Aubergine • Avocado • Bloemkool • Broccoli • Doperwten • Komkommer • Koolrabi • (Krop)sla • Maïs • Peultjes • Postelein • Prei • Raap • Radijs • Savooi • Selder • Sla • Sojascheut • Spinazie • Spitskool • Tuinboon • Tuinkers • Ui • Waterkers • Wortel
Jul	Andijvie • Artisjok • Aubergine • Bloemkool • Broccoli • Chinese kool • Courgette • Doperwten • Ijsbergsla • Komkommer • Koolrabi • (Krop)sla • Postelein • Prei • Prinsessenboon • Radijs • Rode biet •Rode kool • Savooi • Selder • Snijboon • Spinazie • Spitskool •Tomaat • Tuinboon • Tuinkers • Venkel • Waterkers • Witte kool •Wortel

Vegetarische rijstsalade met maïs en ijsbergsla V

Bereidingstijd: 30 min

INGREDIENTEN

200 g ongekookte, bij voorkeur volle, rijst • ½ ijsbergsla • 200 g maïs • 100 g rode paprika • 100 g wortel • 200 g mandarijntjes op sap uit blik • 250 g jonge of belegen kaas

Voor de dressing

125 ml magere room • 2 el mayonaise • 1 kl mosterd • peper • zout

VOORBEREIDING

Kook de rijst gaar en laat hem afkoelen. Laat de maïskorrels uitlekken. Laat ook de mandarijntjes uitlekken en bewaar het sap. Maak de paprika's en de wortels schoon en snijd ze in kleine blokjes. Maak de sla schoon. Snijd de kaas in blokjes.

BEREIDING

Snijd de sla in reepjes en maak op ieder bord een slabedje. Meng alle overige ingrediënten door elkaar en breng op smaak met peper en een beetje zout. Schep wat salade op elk bord.

Gebruik snel klaar rijst voor de magnetron; die is gaar in 1 à 2 minuten.

Dit is een ideaal recept om een restje rijst te verwerken.

Luikse salade met prinsessenbonen

Bereidingstijd: 30 min

INGREDIENTEN

1 kg krielaardappelen of 4 kleine aardappelen en 500 g asperges • 500 g prinsessenbonen • 350 g magere spekblokjes • uitjes of sjalotjes • 1 el vetstof • 1 el appel- of wijnazijn • Luikse stroop of honing naar smaak • verse peterselie • peper • zout

VOORBEREIDING

Kook de aardappelen, de boontjes en eventueel de asperges gaar en laat ze uitlekken. Versnipper de ui/sjalotjes.

BEREIDING

Bak de spekblokjes en bak op het einde nog even de ui en peterselie mee. Giet de azijn erbij en breng op smaak met peper, een beetje zout en wat stroop. Kook even op en meng de aardappelen en groenten erdoor. Verdeel over de borden en werk af met wat verse peterselie.

Een variant is 'Fricassée des Fagnes' uit de Hoge Venen: aardappelen worden vervangen door bospaddenstoelen, azijn door witte wijn, peterselie door gehakte tuinkruiden. Een 'Fricassée des Fagnes' wordt eerder in de herfst gegeten.

Gebruik krielaardappelen, boontjes en asperges uit glas of blik.

Kook extra krielaardappeltjes en bak die de volgende dag bij de warme maaltijd.

€ Krielaardappelen, boontjes en asperges uit glas of blik zijn vaak goedkoper.

Vis met bloemkoolpuree en abdijkaas

V

Bereidingstijd: 35 min

INGREDIENTEN

500 g filet van witte vis of vleesvervanger • 4 grote aardappelen • 800 g bloemkool • 4 sneden jonge abdijkaas • (verse) peterselie • nootmuskaat • peper • zout • mosterd

VOORBEREIDING

Schil de aardappelen. Maak de bloemkool schoon. Kook de aardappelen en de bloemkool tot ze heel zacht zijn. Hak de peterselie.

BEREIDING

Stamp de aardappelen fijn en maak er met wat magere melk een puree van. Meng er de fijngesneden bloemkool en de peterselie door. Breng op smaak met nootmuskaat, peper en een beetje zout. Doe de bloemkoolpuree in een ovenschotel, leg de kaas erop en gratineer onder de grill. Stoom of bak ondertussen de vis in de vetstof en kruid met peper en een beetje zout. Serveer met mosterd. Een heel verfijnd resultaat krijgt u als u de vis voor het bakken in bloem wentelt en met mosterd besmeert. Liever vegetarisch? Serveer de bloemkoolpuree met een vleesvervanger naar keuze, zoals bijvoorbeeld de pompoenburger. Het recept hiervoor vindt u op p. 90.

Gebruik bloemkoolroosjes uit de diepvries.

U kunt de abdijkaas vervangen door een andere kaas.

Restje bloemkool over? Geplet en gemengd met wat bieslook, tuinkers en mayonaise wordt dat een fris broodsmeersel.

€ Voor dit gerecht kunt u gerust de goedkoopste verse witte vis of vis uit de diepvries kopen.

Kip met tomaten op de wijze van Samber en Maas VF

Bereidingstijd: 30 min

INGREDIENTEN

8 tomaten • 600 g gevogeltefilet of vleesvervanger • 100 ml ontvette (gevogelte)bouillon • 200 ml magere room • 2 sjalotjes • 1 bosje dragon • 4 el olie of 100% plantaardige margarine • peper • zout

VOORBEREIDING

Snijd de tomaten in vieren en de gevogeltefilet of vleesvervanger in repen of blokjes. Hak de sjalotjes en de dragon fijn.

BEREIDING

Stoof het gevogelte of de vleesvervanger met de tomaten en de sjalotjes in de vetstof. Voeg de bouillon toe, en laat tot de helft inkoken. Doe er de room en de dragon bij en laat nog een paar minuten sudderen tot een romige, homogene saus. Breng op smaak met peper en een beetje zout. Serveer met aardappelpuree.

U kunt ook gepelde tomaten gebruiken.

Voor dit gerecht kunt u gerust tomaten gebruiken van een huismerk of een wit product.

Vegetarische pasta met aubergines V

Bereidingstijd: 35 min

INGREDIENTEN

2 aubergines • 500 g tomaten • 2 uien • 400 g ongekookte (volkoren)pasta, bijvoorbeeld penne • 400 g zachte geitenkaas • 2 teentjes knoflook • 4 el olijfolie • (verse) basilicum of tijm • (versgemalen) zwarte peper • zout

VOORBEREIDING

Maak de aubergines schoon en snijd ze in blokjes. Pel de uien en de knoflook en snijd ze fijn. Maak de tomaten schoon en snijd ze in kleine blokjes.

BEREIDING

Fruit de ui en knoflook glazig in 3 eetlepels olie. Doe er de aubergines bij en stoof gedurende 5 minuten. Voeg tomaten, peper en een beetje zout toe en laat nog een kwartier stoven met het deksel op de pan. Roer regelmatig. Kook ondertussen de pasta. Voeg op het einde van de kooktijd de geitenkaas en de resterende eetlepel olie aan de groenten toe. Breng eventueel op smaak met peper en een beetje zout. Bestrooi voor het serveren met basilicum of tijm.

U kunt de aubergines ook onmiddellijk stoven, zonder ze eerst apart te zetten. Dit gaat sneller, maar ze nemen dan wel meer vetstof op. Een goed alternatief is de aubergines vooraf even te laten garen in de magnetron.

Neem gepelde tomaten uit blik.

Deze groentenmix kan ingevroren worden.

Nog wat over? Serveer het bij de lunch.

In plaats van geitenkaas kunt u ook mozzarella gebruiken. Voeg de mozzarella op het laatste moment toe en gratineer het gerecht nog even in de oven.

 Voor dit gerecht kunt u gerust tomaten en pasta gebruiken van een huismerk of een wit product.

In het broccoliseizoen kunt u de aubergines door broccoli vervangen.

Konijn met mosterd uit Hoogstraten

Bereidingstijd: 40 min

INGREDIENTEN

1 kg konijnenbouten • 2 sneden wit brood • mosterd • 4 el olie of 100% plantaardige margarine • tijm • laurier • peper • zout

BEREIDING

Wrijf het vlees in met mosterd en bak het aan alle kanten bruin in de vetstof. Giet er een bodempje water bij. Voeg de met mosterd besmeerde boterhammen toe en bestrooi met tijm en laurier. Laat het geheel gaar worden met het deksel op de pan. Breng op smaak met peper en een beetje zout. Bind de saus indien gewenst. Lekker met aardappelpuree en prei of appelmoes.

Geef er in plaats van puree gekookte aardappelen bij en laat ze even mee in de saus marineren.

Geen tijd om appelmoes te maken? Voeg in de helft van de gaartijd blokjes van 2 appels (Jonagold) toe aan het gerecht.

Kook de dag voordien een dubbele portie aardappelen. Daar maakt u snel puree van.

Brusselse filet americain

Bereidingstijd: 10 min

INGREDIENTEN

600 g tartaar (americain natuur) • 4 tomaten • 4 sjalotjes • 4 augurken • 1 kl kappertjes • 2 eidooiers • mosterd • ketchup • worcestershire sauce (Engelse saus) • peper • zout • paprikapoeder • tuinkers of peterselie als garnituur

VOORBEREIDING

Pel en snipper de sjalotjes. Snijd de augurken fijn. Snijd de tomaten in schijfjes.

BEREIDING

Meng het vlees met de sjalotjes, augurken, kappertjes en eidooiers. Breng op smaak met mosterd, ketchup, worcestershire sauce, peper, paprikapoeder en een beetje zout. Garneer met ijsbergsla en wat tuinkers of peterselie. Serveer met de schijfjes tomaat en volkorenbrood of frietjes (zie recept op p. 73) voor een feestmaaltijd ...

Koop een dubbele hoeveelheid vlees en maak van de overige helft hamburgers; zelfgemaakte hamburgers zijn vetarmer dan de hamburgers die u in de winkel of frituur koopt.

Tomaat garnaal met frietjes 𝓕

Bereidingstijd: 30 min

INGREDIENTEN

Voor de frietjes:
800 g vastkokende aardappelen • 2 el (olijf)olie • 4 takjes (verse) rozemarijn • paprikapoeder of chilipoeder • peper • zout

Voor de tomaat garnaal:
4 grote tomaten • 400 g (gepelde) garnalen • 2 el mayonaise • 2 el magere yoghurt • 2 el verse peterselie of bieslook • citroensap (indien gewenst) • gemengde sla

VOORBEREIDING

Voor de frietjes:
Schil de aardappelen en snijd er frietjes van. Verwarm de oven voor op 220°C. Rits de rozemarijnblaadjes van de takjes.

Voor de tomaat garnaal:
Was de tomaten en lepel ze uit. Meng de mayonaise met de yoghurt. Hak de peterselie (of de bieslook) fijn.

BEREIDING

Voor de frietjes:
Meng de frietjes met de olie en de kruiden. Spreid ze uit op bakpapier of op een ingevette bakplaat. Bak ze zacht en goudbruin (± 20 minuten). Keer ze eventueel na tien minuten eens om. Bestrooi met een beetje zout, indien gewenst.

Voor de tomaat garnaal:
Meng de garnalen met de mayonaise en de yoghurt. Breng op smaak met peterselie en citroensap. Vul de tomaten en serveer met de sla en de frietjes.

De frietjes zijn sneller klaar als u ze vooraf half gaar kookt.

U kunt dit gerecht ook met minder garnalen maken. Zelfs met 50 g per persoon heeft u al een heerlijke tomaat garnaal.

Wist u dat roze garnalen goedkoper zijn dan grijze? Diepgevroren grijze garnalen zijn dan weer meestal goedkoper dan verse.

Mosselen op z'n Vlaams

Bereidingstijd: 30 min

INGREDIËNTEN

4 kg mosselen • 1 prei • 1 ui • 3 wortelen • 1 klein bosje bladselderij • 2 knoflookteentjes • 2 eetlepels olie • ½ theelepel gedroogde tijm • 50 gr 100% plantaardige margarine

BEREIDING

Was de mosselen, en gooi openstaande en kapotte mosselen weg. Was de groenten en snijd ze fijn. Pers de look. Stoof de groenten in de olie met de knoflook gedurende een paar minuten. Voeg mosselen, peper en tijm toe. Laat de mosselen al kokend garen gedurende ± 8 minuten tot ze allemaal openstaan. Schud ze ondertussen af en toe eens op, met het deksel op de pan. Serveer met brood of … frieten uit de oven (recept zie p.73).

Yoghurt-speculaasijs met rode vruchten

Bereidingstijd: 10 min (exclusief paar uur opstijven in koelkast of max. 1 uur in de diepvries)

INGREDIENTEN

500 g magere yoghurt • 125 g volle room • 8 speculaasjes • 80 g suiker • aardbeien

VOORBEREIDING

Klop de room op. Verkruimel de speculaas met een deegrol.

BEREIDING

Meng de yoghurt met de suiker en de room. Vul 4 glazen met een laag speculaas. Schep er wat aardbeien op en vervolgens het yoghurtmengsel. Bestrooi met wat speculaaskruimels en garneer met een aardbei. Zet een paar uur in de koelkast of maximum 1 uur in de diepvries.

€ Kies voor fruit van het seizoen of vruchten uit de diepvries.

Brusselse wafels met krieken

Bereidingstijd: 50 min

INGREDIENTEN

Voor de wafels:

120 g bloem • 75 g gesmolten 100% plantaardige margarine • 100 à 200 ml magere of halfvolle melk • 3 eieren • 2 kl zout • vanillesuiker naar smaak

Voor de kriekensaus:

350 g krieken (ook kersen kunnen dienen) • bindmiddel • citroensap • kaneel en honing naar smaak

VOORBEREIDING

Maak een beslag door de gezeefde bloem met de melk en de eidooiers te mengen. Bewaar het eiwit. Voeg de gesmolten boter en het zout toe. Breng op smaak met de vanillesuiker. Zet het beslag afgedekt weg op kamertemperatuur. Ontpit de krieken.

BEREIDING

Meng de krieken naar smaak met de andere ingrediënten voor de saus. Breng aan de kook en voeg een bindmiddel toe tot u een lichtgebonden saus krijgt. Laat afkoelen. Klop het eiwit stijf met een snuifje zout. Warm het wafelijzer op, meng het opgeklopte eiwit door het beslag en bak 4 wafels. Serveer met de kersenbereiding.

Gebruik (ontpitte) krieken of kersen uit blik of glas.

€ Deze saus is ook heerlijk als ontbijt of tussendoortje: op brood, in yoghurt, plattekaas, ...

Herfstrecepten met tips & trucs

Clementinekefir

Bereidingstijd: 10 min

INGREDIENTEN

500 ml kefir • 350 g clementines • 1 limoen • 2 el honing

VOORBEREIDING

Pel de clementines en verdeel ze in partjes. Pers de limoen.

BEREIDING

Hou 4 clementinepartjes apart. Mix fruit, sap en honing. Meng met de kefir en verdeel over de glazen. Werk af met de partjes.

Gebruik mandarijnen uit blik.

€ De clementines kunnen vervangen worden door mandarijnen (die u vooraf ontpit), de limoen door citroen en de honing door suiker.

Kiwi-druivenconfituur

Bereidingstijd: 20 min

INGREDIENTEN

Voor 1 potje:
150 g kiwi(bes) • 150 g (pitloze) druiven • 150 g geleisuiker • 1 limoen

VOORBEREIDING

Maak het fruit schoon, snijd de kiwi(bes) in grote stukken en halveer de druiven. Pers de limoen.

BEREIDING

Meng alle ingrediënten in een kom die in de magnetron kan. Let op dat deze kom max. 3/4 gevuld is. Dek de kom af en zet ze 7 minuten in de magnetron op 200 W. Roer even om, en laat nu nog 2 minuten verder gaar worden op 800 W. Haal het deksel er af en zet de magnetron nog 5 minuten op 800 W. Verleng de gaartijd als de confituur nog niet dik genoeg is.

Dit recept is een snel alternatief voor de klassieke bereiding van confituur.

U kunt de limoen door citroen vervangen en gewone suiker gebruiken in plaats van geleisuiker. Neem in dat geval gelijke hoeveelheden suiker en fruit.

Mechelse bloemkoolsoep V

Bereidingstijd: 30 min

INGREDIENTEN

1 l ontvette runder-, kippen- of groentebouillon • 1 grote bloemkool • 1 selder • 2 grote aardappelen • 1 sla • 2 uien • 50 g kervel • 80 g olie of 100% plantaardige vetstof • peper • zout

VOORBEREIDING

Maak de groenten en de kervel schoon en snijd ze klein. Houd een paar bloemkoolroosjes apart. Schil de aardappelen en snijd ze in blokjes.

BEREIDING

Stoof de groenten even aan in de vetstof. Meng met de aardappelen en de bouillon en laat 20 minuten koken. Mix de soep of haal ze door de roerzeef. Kook ondertussen de bloemkoolroosjes gaar. Werk af met de bloemkoolroosjes en de kervel. Breng op smaak met peper en een beetje zout.

Gebruik diepvriesbloemkool of reeds schoon gemaakte en klein gesneden bloemkool.

Bereid de soep in grote hoeveelheid en vries ze in kleine porties in. U zet dan in een mum van tijd iets lekkers op tafel. Bovendien hebt u op die manier steeds een gezonde snack bij de hand voor tussendoor.

€ Deze soep smaakt heerlijk met alle soorten bloemkool, ook met de goedkoopste ...

Oost-Vlaamse tomatensoep V

Bereidingstijd: 30 min

INGREDIENTEN

1 l ontvette bouillon (runder- of groentebouillon) • 300 g aardappelen • 4 tomaten • 300 g soepgroenten (wortel, selder) • 1 ui • 1 el tomatenpuree • 20 g olie of 100% plantaardige vetstof • kruidentuiltje • peper • een beetje zout

VOORBEREIDING

Maak de groenten en de aardappelen schoon en snijd ze in stukjes.

BEREIDING

Fruit de ui glazig in de vetstof. Doe er de aardappelen en groenten bij en stoof enkele minuten. Roer geregeld om. Voeg de bouillon en de kruiden toe. Laat 20 minuten koken met het deksel op de pan. Verwijder het kruidentuiltje en mix. Laat nog even doorkoken. Breng op smaak met peper en een beetje zout.

Gebruik gepelde tomaten uit blik.

Bereid de soep in grote hoeveelheid en vries ze in kleine porties in. U zet dan in een mum van tijd iets lekkers op tafel. Bovendien hebt u op die manier steeds een gezonde snack bij de hand voor tussendoor.

Ideaal om restjes tomaat te verwerken.

€ Voor deze soep kunt u gerust de goedkoopste tomaten gebruiken.

Perenslaatje met geitenkaas en Luikse stroop

Bereidingstijd: 30 min

INGREDIENTEN

2 peren • ½ krulsla • 240 g geitenkaas • 4 sneden rauwe, gerookte Ardense ham • korstjes van 4 sneden (oud) brood • 2 el (frambozen)azijn • 2 el Luikse stroop • (verse) tijm • peper • zout • wat olie of 100% plantaardige vetstof

VOORBEREIDING

Maak de krulsla schoon. Schil de peren, verdeel ze in partjes en bestrijk ze met de stroop. Snijd het brood in blokjes. Verwarm de oven voor op 200°C.

BEREIDING

Verdeel de geitenkaas in 4 porties, bestrooi met tijm en wikkel de ham eromheen. Bak ze gedurende 6 à 8 minuten op een ingevette plaat in de oven. Meng ondertussen de krulsla met de azijn, en voeg wat peper en een beetje zout toe. Doe eventueel ook wat stroop bij de sla. Bak de peren in een minimum aan vetstof tot ze kleuren. Bak korstjes van het brood. Schik de sla op de borden, leg er de kaas en de stukjes peer op en bestrooi met de broodkorstjes. Werk af met wat tijm.

Veel winkels verkopen geitenkaas die in ham gewikkeld is. Koop gewassen en gesneden sla.

€ Gebruik geitenkaas van een huismerk.

Uientaart uit Aalst V

Bereidingstijd: 35 min

INGREDIENTEN

Voor 1 taart:

1 pizzabodem • 16 uien • 250 ml zure room • 150 g mager, gerookt spek • 3 eieren • 60 g bloem • 1 el olie of 100% plantaardige vetstof • nootmuskaat • peper • een beetje zout • 100 g (Nazareth)kaas

VOORBEREIDING

Rasp de kaas. Hak de uien fijn. Rol het deeg uit en warm de oven voor volgens de aanwijzingen op de verpakking. Klop de eieren.

BEREIDING

Bak spek en uien in de vetstof en verspreid ze over de pizzabodem. Meng alle overige ingrediënten, behalve de kaas, giet dit mengsel over de taart en bestrooi het met de kaas. Bak de pizza volgens de aanwijzingen op de verpakking. Voor de vegetarische variant laat u het spek weg uit de bereiding.

U kunt de taart 3 à 4 dagen bewaren in de koelkast. Zo zet u snel iets lekkers op tafel. Serveer de taart als hoofdmaaltijd met extra groenten of een rauwkostsalade en eventueel gekookte aardappelen, of geef een spie bij de lunch.

U kunt voor dit recept ook andere groenten gebruiken. Deze taart is bijvoorbeeld ook heerlijk met prei in plaats van met ui.

Restje ui over? Verwerk het in uiensoep (zie recept op p. 99)

€ Gebruik seizoensgroenten als alternatief voor uien.

Nazarethkaas kunt u vervangen door een andere soort kaas.

Kaaspannenkoek uit Beaumont met prei V

Bereidingstijd: 25 min

INGREDIENTEN

Voor het deeg:
250 ml magere of halfvolle melk • 125 g bloem, bij voorkeur de helft gewone en de helft boekweitbloem • 1 eidooier • 1 el olie of 100% plantaardige margarine • 12,5 g gist • mespunt zout

Voor de vulling:
400 g prei • 200 g kaas, bv. Boulette de Huy, Cassette de Beaumont

VOORBEREIDING

Doe de bloem in een kom en meng met de eidooier, peper en een beetje zout. Voeg al roerend de melk en de gist toe. Laat het deeg even rusten. Maak ondertussen de prei schoon, snijd hem in fijne ringetjes en kook ze gaar.

BEREIDING

Bak 4 grote pannenkoeken in de vetstof en verdeel er de kaas en de prei over. Kruid met peper en een beetje zout. Rol de pannenkoeken op en gratineer ze in de oven tot de kaas begint te smelten.

Maak extra pannenkoeken en vries ze in. U kunt ze serveren als lunch of als tussendoortje.

Koop kant-en-klaar deeg of voorgebakken pannenkoeken.

Dit is een ideaal recept om restjes gekookte groenten te verwerken.

Deze pannenkoeken zijn ook lekker met een zoete vulling van bijvoorbeeld fruit.

Witte kool met kip

Bereidingstijd: 1u 20 min

INGREDIENTEN

1 braadkip • 1 witte kool • 125 g magere spekblokjes • 12 el water • 3 el olie of 100% plantaardige margarine • tijm • laurier • peper • zout

VOORBEREIDING

Maak de kool schoon en snijd ze in reepjes.

BEREIDING

Kruid de kip met peper en een beetje zout, en bak ze langs alle kanten bruin in een brede, hoge pan. Voeg er de overige ingrediënten bij. Laat 1 uur zachtjes garen met het deksel op de pan. Roer af en toe. Serveer met gekookte aardappelen.

De bereidingstijd van dit recept is vrij lang, maar u hebt er weinig of geen omkijken naar. Als u afzonderlijke stukken kip neemt, bent u natuurlijk veel vlugger klaar. Terwijl u de kip braadt, kunt u de kool beetgaar laten worden in de magnetron. Bak de spekblokjes bij de kip en voeg de kool toe. Halveer in deze versie de hoeveelheid water. Laat samen nog een 5-tal minuten pruttelen.

Nog meer tijd wint u als u een bereide braadkip koopt. Dan hoeft u alleen nog maar de spekblokjes te bakken. Voeg vervolgens beetgare kool toe met wat water en de kruiden. Serveer bij de kip.

Dit gerecht leent zich tot het maken van een grote portie. Na een dag marineren smaakt het bovendien nog lekkerder.

€ Het zijn vooral de spekblokjes en de kruiden die dit gerecht op smaak brengen. Kies dus gerust voor goedkoop kippenvlees.

Roergebakken savooiekool met lamsvlees V

Bereidingstijd: 30 min

INGREDIENTEN

4 lamsfilets of 600 g vleesvervanger in filet bv. quorn of seitan • 1 savooiekool • 1 ui • 100 ml vleesbouillon • 100 ml magere room • 1 el mosterd • 4 el olie of 100% plantaardige vetstof • (verse) rozemarijn • (verse) bieslook • nootmuskaat • peper • zout

VOORBEREIDING

Maak de kool schoon en snijd hem in fijne reepjes. Snijd de ui heel fijn. Snijd de lamsfilets of de vleesvervanger in reepjes.

BEREIDING

Fruit de ui met de vetstof glazig in de wok. Leg de lamsfilets of de vleesvervanger erin, en schroei alles snel dicht op hoog vuur. Kruid met peper, een beetje zout en rozemarijn. Voeg nu de savooiekool en wat nootmuskaat toe. Zet het vuur hoog en roer de kool voortdurend om tot die beetgaar is. Doe er de bouillon, de room en de mosterd bij. Laat nog even sudderen. Breng op smaak met peper en zout en bestrooi met bieslook. Serveer met gekookte aardappelen.

€ Voor dit recept kunt u ook andere vleessoorten gebruiken.

Hete bliksem uit Haspengouw

Bereidingstijd: 1u 10 min

INGREDIENTEN

4 dikke schijven mager gerookt spek • 500 g aardappelen • 500 g zoete peren en 500 g zure appelen bv. Boskoop • 3 uien • 300 ml bruine vleesfond • 4 el olie of 100% plantaardige vetstof • 150 ml water • peper • zout

VOORBEREIDING

Schil de appelen en peren en snijd ze in partjes. Schil de uien en snijd ze in ringen. Snijd het spek in blokjes.

BEREIDING

Bak het vlees en de uien snel bruin in de vetstof. Voeg de aardappelen, de peren, de appelen en het water toe. Breng op smaak met peper en een beetje zout. Breng even aan de kook en laat op een zacht vuur 1 uur lang pruttelen. Voeg indien nodig extra water toe.

De hete bliksem is sneller klaar als u een hogedrukpan gebruikt.

Pompoenburger met rijst V

Bereidingstijd: 1u

INGREDIENTEN

250 g pompoen • 25 g hazelnoten • 2 grote sneden oud brood • ½ el currypasta of currypoeder (of andere kruiden, bv. basilicum) • 15 g verse koriander (of andere kruiden naar smaak) • 2 eieren, losgeklopt • peper • zout

VOORBEREIDING

Maak de pompoen schoon. Rasp en gaar het vruchtvlees. Rooster de fijngehakte hazelnoten lichtbruin. Verkruimel het brood.

BEREIDING

Meng noten, brood, curry, pompoen en eieren tot een homogene massa. Laat 30 minuten rusten in de koelkast. Breng op smaak met peper en een beetje zout. Maak 4 burgers en bak ze in een 10-tal minuten gaar. Serveer met (bij voorkeur volle) rijst en warme of koude groenten.

Deze burgers kunnen ingevroren worden voor een snelle lunch of warme maaltijd.

Koop pompoen die al schoongemaakt en in stukken gesneden is.

Een snelle variant: meng de geraspte en gaargekookte pompoen met wat bloem, olie of 100% plantaardige margarine, peper en curry. Deze burgers kunt u direct bakken.

Dit recept is ideaal om restjes oud brood te verwerken.

Pompoenburgers over? Serveer ze als lunch tussen een broodje met tomaat en komkommer.

Ardense forel met Brusselse spruitjes

Bereidingstijd: 40 min

INGREDIENTEN

800 g spruitjes • 8 aardappelen • 4 forellen • 4 sneden Ardense ham • 100 g brood • 45 g olie of 100% plantaardige vetstof • 4 el magere room • bosje peterselie • 4 el bloem • peper • zout

VOORBEREIDING

Snijd de ham in stukjes en verkruimel het brood. Maak de spruitjes schoon. Hak de peterselie fijn.

BEREIDING

Kook de spruitjes gaar. Bak het broodkruim bruin in de helft van de vetstof, en meng het met de ham. Spoel de forel. Dep droog, bestrooi de binnenkant met peper en zout, en haal de vis door de bloem. Bak hem in ongeveer 10 minuten gaar in de resterende vetstof. Serveer de forel met het hammengsel en overgiet met saus die u maakt van de overblijvende vetstof in de pan, de room, de peterselie en wat peper en een beetje zout naar smaak. Serveer met gekookte aardappelen en spruitjes.

Gebruik paneermeel i.p.v. oud brood.

Neem spruitjes uit de diepvries.

Gebruik gedroogde of voorgesneden peterselie.

Van de overblijvende aardappelen en spruitjes maakt u een heerlijke stamppot. Voeg er dan een beetje mosterd bij. Perfect met brood voor een lunch op een gure herfstdag. Dit recept vindt u terug in dit boekje als 'Stoemp met Brusselse spruitjes' op p. 105.

Feestelijke kwartelsalade met champignons 𝓕

Bereidingstijd: 30 min

INGREDIENTEN

8 kwartelborsten • 100 g (veld)sla • 600 g gemengde paddenstoelen • 25 g noten (pijnboompitten, walnoten) • 3 el (wal)notenolie • 1 el frambozenazijn • 2 el olie of 100% plantaardige margarine • (verse) dille • (zwarte) peper • zout

VOORBEREIDING

Maak de sla schoon. Halveer de noten en rooster ze. Maak een dressing (vinaigrette) van notenolie, azijn, een beetje zout en peper.

BEREIDING

Kruid de kwartelborsten met peper en een beetje zout en bak ze in de helft van de vetstof. Bak de paddenstoelen kort bruin in de resterende vetstof en meng met de noten. Schik de sla op de borden en overgiet met de dressing. Schik de paddenstoelen op het vlees. Werk af met dille. Serveer met brood of aardappelen. Voor een feestelijke gelegenheid kunt u ook serveren met aardappelkroketten.

€ Koop paddenstoelen in de aanbieding.

U kunt hiervoor ook ander gevogelte gebruiken.

West-Vlaamse kerremelksmeus met bakharing V

Bereidingstijd: 25 min

INGREDIENTEN

4 bakharingen • 1 kg kleine aardappelen • 120 ml karnemelk • 3 el olie of 100% plantaardige vetstof • (witte) peper • nootmuskaat • een beetje zout

VOORBEREIDING

Schrob de aardappelen en kook ze gaar in de schil. Laat de karnemelk opwarmen op het deksel van de pan waarin de aardappelen koken.

BEREIDING

Pel de aardappelen als ze nog warm zijn. Bak de haring in wat vetstof. Stamp ondertussen de aardappelen grof in de nog warme pot, samen met de resterende vetstof en de melk. Breng op smaak met de kruiden. Geef er schorseneren bij.

De kerremelksmeus wordt traditioneel geserveerd bij bakharing, maar kan ook bij andere soorten vis gegeten worden. Een vegetarische variant? Deze puree smaakt ook heel lekker bij gekookte eieren.

♲ Een overschotje vis kunt u verwerken als broodbeleg, eventueel vermengd met de dressing.

Een restje puree kan nadien geserveerd worden met een zacht gekookt eitje.

€ Neem de goedkoopste karnemelk.

Bakharing is het voordeligst in de herfst en in de winter.

Is het het seizoen van de prinsessenbonen? Daar smaakt deze puree ook lekker bij. Serveer in dat geval met mosterd.

Maria's Oost-Vlaamse vlaaien

Bereidingstijd: 1u (voor broodbeleg) en 1u 10 min (voor de vlaaien)

INGREDIENTEN

375 ml magere melk • ½ peperkoek • 75 g kokosmakarons • 100 g gekonfijt fruit • 1 klein ei • 3 el kandijsiroop • vanillepoeder

VOORBEREIDING

Warm de oven voor op 250°C. Snijd de koek en makarons heel fijn en meng ze met de rest van de ingrediënten tot een homogene massa.

BEREIDING

Bak het mengsel in een ingevette ovenschotel gedurende 30 min. op 250°C. Vervolgens nog 20 minuten op 200°C. Nu kan de bereiding al gebruikt worden als broodbeleg. Om de vlaaien als dessert te serveren laat u ze best nog 10 minuten verder garen.

♻ Maak deze bereiding in een grotere portie. Gebruik een deel als broodsmeersel en een deel als dessert.

€ U kunt voor dit recept heel goed goedkope peperkoek en kokosmakarons gebruiken.

Gebakken peren

Bereidingstijd: 25 min

INGREDIENTEN

4 peren • een handvol noten • 8 el suiker • 4 el 100% plantaardige margarine • kaneelpoeder • bessen als garnituur

BEREIDING

Was de peren, halveer ze en verwijder de klokhuizen. Bestrooi ze met de suiker en de kaneelpoeder, en laat ze een kwartiertje liggen. Hak ondertussen de noten grof en rooster ze goudbruin. Bak de peren in de vetstof. Serveer warm, bestrooid met de noten en bessen.

 Met wat roomijs tovert u dit gerechtje om in een feestelijk dessert.

€ Dit nagerecht smaakt prima met alle soorten peren, ook met de goedkoopste ...

Kiwibesslaatje

Bereidingstijd: 15 min

INGREDIËNTEN

3 bakjes kiwibessen • 2 limoenen • vloeibare honing • eventueel 4 passievruchten

BEREIDING

Was de kiwibessen en halveer ze. Breng ze op smaak met de honing en de geperste limoen. Als u passievrucht gebruikt, halveer die dan, lepel ze uit en meng het vruchtvlees met de kiwibessla. Restjes ander fruit kunnen ook gemengd worden, zoals bij fruitsla. Serveer voor een feestelijke toets in een groot wijnglas of rond bierglas.

Zuurkool met vis (106)

Pasta met oesterzwammen (110)

Groentekeuzes doorheen de seizoenen

Aug	Andijvie • Artisjok • Aubergine • Bloemkool • Broccoli • Champignons • Chinese kool • Courgette • Groene kool • Ijsbergsla • Komkommer • Koolrabi • (Krop)sla • Maïs • Paprika • Pompoen • Postelein • Prei • Prinsessenboon • Radijs • Rode biet • Rode kool • Savooi • Snijboon • Spitskool • Selder • Spinazie • Tomaat • Tuinboon • Tuinkers • Ui • Venkel • Waterkers • Witte kool • Wortel
Sep	Andijvie • Artisjok • Aubergine • Bloemkool • Broccoli • Champignons • Chinese kool • Courgette • Groene kool • Ijsbergsla • Komkommer • Maïs • Paprika • Pompoen • Postelein • Prei • Prinsessenboon • Radijs • Rammenas • Rode biet • Rode kool • Savooi • Selder • Snijboon • Spinazie • Spitskool • Tomaat • Tuinkers • Ui • Venkel • Waterkers • Witte kool • Wortel
Okt	Andijvie • Artisjok • Aubergine • Bloemkool • Boerenkool • Broccoli • Champignons • Chinese kool • Groene kool • Ijsbergsla • Komkommer • Koolraap • Kropsla • Paprika • Pompoen • Postelein • Prei • Raap • Rammenas • Rode biet • Rode kool • Savooi • Schorseneren • Selder • Snijboon • Sojascheut • Spruiten • Tomaat • Ui • Veldsla • Venkel • Witloof • Witte kool • Wortel
Nov	Andijvie • Avocado • Bloemkool • Boerenkool • Chinese kool • Champignons • Groene kool • Koolraap • (Krop)sla • Pastinaak • Pompoen • Prei • Raap • Rammenas • Rode biet • Rode kool • Savooi • Schorseneren • Selder • Spruiten • Ui • Veldsla • Venkel • Witloof • Witte kool • Wortel
Dec	Avocado • Bloemkool • Boerenkool • Champignons • Groene kool • Koolraap • (Knol)selder • Pastinaak • Pompoen • Prei • Raap • Rammenas • Rode kool • Savooi • Schorseneren • Spruiten • Ui • Veldsla • Venkel • Witloof • Witte kool • Wortel

Winterrecepten met tips & trucs

Stevige appel-banaandrank

Bereidingstijd: 15 min

INGREDIENTEN

1 banaan • 2 appels • 2 perssinaasappels • 4 el citroensap • 1 el suiker • 200 ml karnemelk

VOORBEREIDING

Schil de appels en pel de banaan. Snijd ze in blokjes. Pers de sinaasappels.

BEREIDING

Mix het fruit met het sinaasappelsap, het citroensap en de suiker. Voeg de karnemelk toe en meng nog een keer goed door.

♻ Banaan of appel over? Doe er wat kaneel, nootjes en rozijnen bij. Zet dit 1 minuut in de magnetron op 700 W en u heeft een warm, winters tussendoortje.

U kunt de karnemelk vervangen door drinkyoghurt.

Aangevuld met ontbijtgranen is dit de perfecte manier om de dag te starten.

€ U kunt voor dit drankje gerust de goedkoopste karnemelk gebruiken.

Uiensoep V

Bereidingstijd: 30 min

INGREDIENTEN

750 g uien • 1,5 l ontvette kippen- of runderbouillon of eventueel groentebouillon • 4 el olie of 100% plantaardige margarine • peper • tijm

VOORBEREIDING

Maak de uien schoon en snipper ze fijn.

BEREIDING

Bak de uiensnippers mooi bruin in de vetstof. Voeg de bouillon toe en laat 20 minuten koken. Breng op smaak met peper en tijm. Serveer met geroosterd brood waarop u wat Emmental- of Gruyèrekaas hebt gesmolten.

Bereid de soep in grote hoeveelheid en vries ze in kleine porties in. U zet dan in een mum van tijd iets lekkers op tafel. Bovendien hebt u op die manier steeds een gezonde snack bij de hand voor tussendoor.

€ Kies gerust de goedkoopste uien.

Erwtensoep V

Bereidingstijd: 40 min

INGREDIENTEN

300 g verse erwten • 1 kleine aardappel • 1 kleine ui • 1 kleine preistengel • 1 sjalotje • 2 el olie of 100% plantaardige margarine • 4 el magere room • broodkorstjes • peper • laurier • 1 ½ l ontvette kippen- of runderbouillon • 125 g magere spekblokjes

VOORBEREIDING

Maak de groenten schoon en snijd ze fijn.

BEREIDING

Stoof de groenten in de vetstof, voeg de bouillon en laurier toe, en laat 10 minuten koken. Doe er de erwten bij en kook nog 10 minuten. Haal de laurier uit de soep, mix de soep en voeg de spekblokjes toe. Laat nog 5 minuten op het vuur staan, zonder te koken. Breng op smaak met peper. Serveer met broodkorstjes en wat room.

Voor de vegetarische variant laat u de spekblokjes achterwege en gebruikt u groentebouillon.

Bereid de soep in grote hoeveelheid en vries ze in kleine porties in. U zet dan in een mum van tijd iets lekkers op tafel. Bovendien hebt u op die manier steeds een gezonde snack bij de hand voor tussendoor.

Gebruikt u gedroogde erwten? Leg ze dan van te voren te weken. Dat verkort de kooktijd.

Ideaal om restjes erwten en oud brood te verwerken.

€ Gebruik erwten uit blik of glas.

Wortelbrood met veldsla V

Bereidingstijd: 1u 25 min

INGREDIENTEN

Voor 1 brood:
300 g wortelen • 375 g (volkoren)bloem • 2 uien • 1 ei • 50 g suiker • 10 g gist • 5 el water • 2 el olie of 100% plantaardige margarine • 1 kl zout • veldsla

VOORBEREIDING

Week de gist in 1 el van het water. Maak de wortelen schoon en rasp ze. Snijd de uien fijn en fruit ze, samen met de wortel, in de vetstof. Meng ondertussen de gezeefde bloem met ei, gist, zout, suiker en water.

BEREIDING

Kneed alles samen tot een stevig deeg. Voeg extra bloem toe als het deeg te nat is. Laat het in een ingevette vorm (waarin het volume kan verdubbelen) afgedekt 45 minuten rusten. Bak het deeg vervolgens 30 minuten in een oven van 190°C tot een brood met een mooie bruine kleur.

U kunt het wortelbrood warm of koud serveren. Geef er een salade van veldsla bij.

Gebruik diepvriesworteltjes: kook ze gaar, plet ze grof en meng ze onder het deeg. Fruit alleen de ui.

Dit is een ideaal recept om restjes verse of gekookte wortel te verwerken.

€ U kunt voor dit gerecht gerust de goedkoopste wortelen kopen.

Preislaatje met Ardense ham

Bereidingstijd: 25 min

INGREDIENTEN

8 dunne preien • 1 citroen • 1 kl tijm • 1 kl bieslook • 1 kl mosterd • 2 el (rode) wijnazijn • 2 el zonnebloemolie • 2 el olijfolie • 8 sneden Ardense ham • peper • zout

VOORBEREIDING

Maak de preien schoon, snijd ze in ringen en kook ze tot ze beetgaar zijn. Pers de citroen, meng het sap met de prei en breng op smaak met peper en een beetje zout. Zet even weg in de koelkast.

BEREIDING

Maak een dressing met de overblijvende ingrediënten. Leg de prei op de borden, schik er de ham overheen en overgiet met de dressing. Serveer met (geroosterd) brood.

Gebruik diepvriesprei.

Prei over? Verwerk in preisoep. Een recept hiervan vindt u op p. 41.

€ Voor dit gerecht kunt u gerust Ardense ham gebruiken van een huismerk of een wit product.

Blankenbergse omelet met oesterzwammen en garnalen

Bereidingstijd: 20 min

INGREDIENTEN

200 g oesterzwammen • 200 g garnalen • 4 eieren • 2 el magere melk • wat olie of 100% plantaardige margarine • peper • zout

VOORBEREIDING

Klop de eieren los met de melk en voeg naar smaak peper en een beetje zout toe. Maak de oesterzwammen schoon en snijd ze in stukjes.

BEREIDING

Fruit de oesterzwammen in de vetstof en overgiet ze met het eiermengsel. Bestrooi de omelet net vóór het serveren met de garnalen.

Garnalen zijn het lekkerst als u ze zelf pelt, maar u kunt natuurlijk ook gepelde garnalen kopen.

U kunt deze omelet ook maken met een restje gekookte mosselen en garnalen.

€ Wist u dat roze garnalen goedkoper zijn dan grijze? Diepgevroren grijze garnalen zijn dan weer meestal goedkoper dan verse.

Neem de goedkoopste paddenstoelensoort van het seizoen.

Ovenschotel van venkel en vis

Bereidingstijd: 55 min

INGREDIENTEN

4 visfilets van ± 150 g per stuk • 2 grote venkelknollen • ½ kg aardappelen • 250 ml magere room • 2 el olie of 100% plantaardige margarine • peper • zout

VOORBEREIDING

Schil de aardappelen, kook ze half gaar en snijd ze in plakjes. Maak de venkel schoon en snijd ze in schijven. Snijd het groen van de venkel fijn en houd dit apart. Bak de venkelschijven kort in de vetstof, voeg de bouillon toe en laat het geheel nog een 5-tal minuten stoven. Verwarm de oven voor op 250°C.

BEREIDING

Leg in een ingevette ovenschotel eerst de venkelschijven. Bedek ze met de visfilets en vervolgens met de aardappelen. Kruid met peper en een beetje zout en overgiet met de room. Laat het geheel in 30 minuten gaar worden in een oven van 250°C. Versier de schotel met het venkelgroen.

€ U kunt voor dit gerecht gerust de goedkoopste witte seizoensvis of witte diepvriesvis van een huismerk kopen.

Stoemp met Brusselse spruitjes 𝒱

Bereidingstijd: 35 min

INGREDIENTEN

800 g spruitjes • 800 g aardappelen • 600 g mager spek of quorn, tofu of seitan • 3 el olie of 100% plantaardige margarine • peper • mosterd • zout

VOORBEREIDING

Kook de in stukken gesneden aardappelen en de spruitjes gaar. Snijd het spek of de vleesvervanger in reepjes.

BEREIDING

Bak het spek of de vleesvervanger in de vetstof. Voeg de aardappelen en de spruitjes toe en meng alles door elkaar. Breng op smaak met peper, een beetje zout en wat mosterd. Als het niet smeuïg genoeg is, voeg dan nog wat melk toe.

Nog wat stoemp over? Geen probleem. Stoemp is de volgende dag altijd nóg lekkerder. Serveer een restje als lunch.

Gebruik spruitjes uit de diepvries.

Ideaal om restjes spruitjes en aardappelen te verwerken.

Zuurkool met vis

Bereidingstijd: 40 min

INGREDIENTEN

800 g zuurkool • 600 g vis, bijvoorbeeld zalm • 600 ml visbouillon • 250 ml magere room • 3 el olie of 100% plantaardige margarine • 1 el honing of glaasje witte wijn • bieslook • peper • zout • maïszetmeel (eventueel) • 2 sjalotten

BEREIDING

De zuurkool even roerbakken in de vetstof. Voeg de bouillon toe en laat de zuurkool gaar worden volgens de aanwijzingen op de verpakking. Roer alles even door, leg de visfilets erop en kruid met peper en een beetje zout. Laat de vis in 5 minuten zachtjes gaar worden. Schep met een schuimspaan de zuurkool en de vis op de borden. Houd de borden warm. Stoof de heel fijn gesneden sjalotten glazig in een steelpannetje, voeg het kookvocht toe en kook het kookvocht voor de helft in (± 200 ml). Voeg de room en het bieslook toe. Breng op smaak met peper, een beetje zout en honing. Bind de saus, indien gewenst, met maïszetmeel. Overgiet de zuurkool met de saus. Serveer met aardappelpuree of gekookte aardappelen.

€ U kunt voor dit gerecht gerust de goedkoopste vaste seizoensvis (vb. kabeljauw of koolvis) of vis van een huismerk kopen.

Gevulde groene koolbladeren met rijst 𝒱

Bereidingstijd: 1 u 15 min

INGREDIENTEN

1 groene kool (± 750 g) • 400 g gevogelte- of quorngehakt • 1 ui • 2 knoflookteentjes • 2 beschuiten • 50 g rozijnen • 1 ei • 2 dl ontvette kippenbouillon • 2 dl halfvolle melk • 2 el tomatenpuree • 4 el (zonnebloem)olie of 100% plantaardige margarine • peper • zout • bindmiddel

VOORBEREIDING

Haal de bladeren van de kool, was ze en kook ze beetgaar in water met zout. Laat ze uitlekken en afkoelen. Hak de ui en de knoflook fijn. Verkruimel de beschuiten.

BEREIDING

Meng het gehakt met alle ingrediënten behalve met de tomatenpuree, de bouillon en de melk. Vul er de koolbladeren mee. Rol de koolbladeren op, maak ze vast met een cocktailprikker en bak ze snel bruin in de vetstof. Haal de koolrolletjes uit de pan. Voeg de bouillon en de tomatenpuree toe aan het braadvocht. Laat even koken, leg de koolrolletjes terug in de pan en laat ze 30 minuten stoven met het deksel op de pan. Schik de koolrolletjes op een bord. Voeg de melk toe aan de pan. Breng aan de kook, bind met bindmiddel en breng de saus op smaak met peper en een beetje zout. Giet de saus over de koolrolletjes en serveer met (bij voorkeur volle) rijst.

U kunt voor dit gerecht ook bladeren van andere koolsoorten gebruiken.

Gevogelteschotel met prei 𝒱

Bereidingstijd: 35 min

INGREDIENTEN

800 g prei • 400 g gevogelte- of quornfilet • 200 g blauwschimmelkaas • ½ kg aardappelen • 2 (rode) uien • 2 teentjes knoflook • 4 el olie of 100% plantaardige margarine • tijm • peper • zout • veldsla als garnituur

VOORBEREIDING

Schil de aardappelen en kook ze gaar. Snijd ze in schijfjes. Maak de prei schoon, snijd ze in ringetjes en kook ze gaar. Laat de prei uitlekken. Snijd de uien in ringen. Snij de knoflook heel fijn. Maak de veldsla schoon.

BEREIDING

Kruid het vlees of de vleesvervanger met peper en een beetje zout, en bak het in de vetstof. Voeg in de helft van de baktijd de knoflook en de uien toe. Leg dit in een ingevette schotel, en bedek het eerst met de prei en vervolgens met de schijfjes aardappel. Bestrooi met schimmelkaas, tijm en wat peper. Zet even onder de grill tot de kaas gesmolten is. Schik de veldsla op een bord en schep hierop de ovenbereiding.

🕐 Kies diepvriesprei.

€ U kunt voor dit gerecht gerust schimmelkaas van een huismerk gebruiken.

Tournedos met rapen en knolselderpuree 𝓕

Bereidingstijd: 35 min

INGREDIENTEN

400 g rapen • 400 g knolselderij • 400 g aardappelen • halfvolle melk • 400 g tournedos • 200 g magere spekblokjes • 4 el olie of 100 % plantaardige margarine • ½ blokje ontvette runderbouillon • peterselie • (roze) peper • zout • bindmiddel (eventueel)

VOORBEREIDING

Maak de groenten en de aardappelen schoon en snijd ze in blokjes. Kook de aardappelen en de knolselder gaar.

BEREIDING

Maak een puree van de aardappelen en de knolselder, en voeg melk, peper, zout en nootmuskaat toe. Bak het spek in de helft van de vetstof. Doe er de rapen met wat peper en zout bij en zet net onder water. Kook zonder deksel op hoog vuur tot het vocht verdampt is en de rapen gaar zijn. Bak of grill ondertussen de tournedos en kruid met peper en een beetje zout. Schik de puree, het vlees en de rapen op de borden. Doe een half blokje ontvette runderbouillon, een glas water en wat peper in de pan waarin het vlees werd gebakken. Laat even doorkoken en bind eventueel met wat bindmiddel. Giet de saus over het vlees. Werk af met wat peterselie.

€ Dit gerecht kunt u met elk soort rood vlees maken.

Pasta met oesterzwammen V

Bereidingstijd: 20 min

INGREDIENTEN

500 g oesterzwammen • 400 g brede lintpasta of tagliatelle • 150 g Parmezaanse kaas • 2 knoflookteentjes • ½ limoen • 4 el (olijf)olie • (verse) tijm • (verse) rozemarijn • zwarte peper

VOORBEREIDING

Pel de knoflook en snijd hem fijn. Maak de oesterzwammen schoon. Rasp de Parmezaanse kaas. Pers de limoen.

BEREIDING

Kook de pasta beetgaar. Bak ondertussen de oesterzwammen en de knoflook in de vetstof op hoog vuur mooi bruin. Voeg de kruiden en het limoensap toe. Laat nog even sudderen, meng de pasta erdoor en laat nog even doorsudderen. Serveer de pasta op een bord, en bestrooi met kaas en wat zwarte peper.

Voor dit recept kunt u ook snel klaar pasta voor de magnetron gebruiken; die is gaar in 1 à 2 minuten.

Vervang de limoen door citroen.

€ Voor dit gerecht zijn oesterzwammen lekker maar niet noodzakelijk. U kunt ook de paddenstoelen van het seizoen of simpelweg de goedkoopste paddenstoelen nemen.

Appelkruimel

Bereidingstijd: 55 min

INGREDIENTEN

4 appels • handvol rozijnen • 150 g bloem • 150 g (riet)-suiker • 80 g 100% plantaardige margarine • 1 theezakje • Kaneel en/of vanillepoeder naar smaak

BEREIDING

Warm de oven voor op 180°C. Week de rozijnen in warm water met het theezakje. Snijd de appels in stukjes. Leg ze in een ingevette ovenschaal. Vul een plastic diepvrieszakje met de bloem, suiker en margarine. Houd het zakje toe en kneed het tot alle ingrediënten mooi vermengd zijn tot een kruimelig deeg. Giet nu de rozijnen af in een vergiet en strooi ze over de appels. Bestrooi met kaneel en/of vanillepoeder naar smaak. Verdeel hierover de 'kruimel'. Bak 40 minuten op 180°C.

Maak een grote hoeveelheid en gebruik als ontbijt, maar ook eens als tussendoortje.

Laat de appels gaar worden in de magnetron.

Dit is een ideaal recept om rijpe appels te verwerken.

In plaats van rozijnen kunt u ook andere soorten (gedroogd) fruit gebruiken, zoals bessen, pruimen, perziken, ...

€ Appelkruimel is altijd lekker, ook met de goedkoopste appelsoort.

Brusselse bodding

Bereidingstijd: 1 u

INGREDIENTEN

1 l halfvolle melk • ½ kg oud brood • 100 g rozijnen • 1 appel • 3 el bruine suiker • 3 el witte suiker • 2 eieren • een beetje vanillepoeder of -extract • een beetje 100% plantaardige olie of margarine • sap en zeste van 1 citroen of limoen • 1 eetlepel bruine suiker • vanillepoeder of -extract

VOORBEREIDING

Schil de appel en snijd hem in kleine blokjes. Verkruimel het brood. Klop de eieren los. Vet een ovenschotel in en bestrooi met een eetlepel van de witte suiker. Verwarm de oven voor op 190°C.

BEREIDING

Verwarm de melk en neem de pan van het vuur. Voeg de krenten, de appel, 2 eetlepels van elke soort suiker, de eieren, brood en de zeste eraan toe. Breng op smaak met de vanille en meng goed. Bak het deeg 40 minuten in de oven op 190°C. Maak ondertussen het glazuur door het citroen- of limoensap, een eetlepel van de bruine suiker en het water in een pannetje door te warmen. Laat half afkoelen en strijk het uit op de bodding als die afgekoeld is. Serveer warm of koud.

Maak een grote hoeveelheid en eet bodding als ontbijt of als tussendoortje.

Dit recept is een snelvariant: de échte bodding wordt bereid met maar 50 ml water per ½ kg brood en 4 eieren. In dat geval moet het brood 2 uur weken in wat warme koffie, melk of water.

Dit recept is ideaal om restjes oud brood te verwerken.

Vlaamse rijstpap

Bereidingstijd: 50 min.

INGREDIENTEN

1 l halfvolle melk • 100 g rijst • 75 g suiker • 1 doosje saffraan • 1 vanille- of kaneelstokje • bruine suiker naar smaak

BEREIDING

Breng de melk aan de kook, voeg de rijst, de saffraan en het vanille-/kaneelstokje erbij, en laat 30 à 40 minuten zachtjes koken. Roer geregeld. Voeg pas op het einde de suiker toe en laat nog even doorkoken. Verwijder het vanille-/kaneelstokje. Verdeel over 4 schaaltjes en serveer met bruine suiker. U kunt dit gerecht zowel warm als koud serveren.

Maak een grote hoeveelheid en gebruik als ontbijt, of ook eens als tussendoortje.

€ Vlaamse rijstpap smaakt prima met alle soorten rijst en melk. Ook met de goedkoopste.

Perenmoes

Bereidingstijd: 20 min (exclusief 1 uur opstijven in de koelkast)

INGREDIËNTEN

4 rijpe peren • 2 eiwitten • 1 glas water • 1 eetlepel suiker

BEREIDING

Was, schil en snijd de peren fijn. Vermeng ze in een pan met water en suiker. Laat 10 minuten op een zacht vuur koken. Laat afkoelen. Klop ondertussen de eiwitten tot schuim en meng er de perencompote voorzichtig door. Verdeel over 4 glazen en zet een minimum 1 uur in de koelkast alvorens op te dienen.

Weekplannen

Op de volgende pagina's vindt u suggesties voor een gevarieerde aanbreng van seizoensgroenten en -fruit.

Weekplan voor de lente

	Maandag	Dinsdag	Woensdag	Donderdag	Vrijdag	Zaterdag	Zondag
Ontbijt	*Aardbeien smoothie p. 37*	*Banaan*	*Appel*	V *Boterham met rabarbermoes p. 38*	*Sinaasappel*	*Ananas*	*Pompelmoes*
Soep	*Wortel*	*Boerenkool*	V *Oost-Vlaamse preisoep p. 41*	*Ui*	V *Water- en tuinkerssoep p. 42*	*Tuinbonen*	*Asperge*
Lunch	V *Avocado-salade p. 43*	*Kropsla*	*Radijs*	V *Veggiejuice p. 40*	*Spitskool*	V *Asperges op z'n Vlaams p. 44*	*Makreelpaté met verse spinazie p. 45*
Avondmaal	V *Vegetarisch raapgerecht p. 46*	V *Lente-fricassée met champignons p. 47*	V *Wok met sojascheuten en rijst p. 49*	*Gegratineerd witloof op z'n Brabants p. 50*	*Kabeljauw met broccoli-puree p. 51*	VF *Vegetarisch paasgerecht met peultjes en mie p. 52*	V *Gevulde koolrabi p. 53*
Tussendoor	*Appel*	*Warme ananas met vanille p. 54*	*Gegratineerde pompelmoes p. 55*	*Conférence peer*	*Aardbeien*	*Bananencake met chocolade p. 56*	*Rabarber*

■ *Regionale gerechten*

Weekplan voor de zomer

	Maandag	Dinsdag	Woensdag	Donderdag	Vrijdag	Zaterdag	Zondag
Ontbijt	*Kersen/ Krieken*	*Perzik-abrikozen-shake p. 58*	*Druiven*	*Aardbeien*	*Pruim*	*Zwarte & rode bessen*	*Frambozen-bessenontbijt p. 59*
Soep	V *Verfrissende komkommer-soep p. 60*	V *Courgette-waterkers-soep p. 61*	*Doperwt*	*Chinese kool*	*Broccoli*	V *Koude paprikasoep p. 62*	*Spitskool*
Lunch	*Andijvie*	*Artisjok*	*Maatjes met appel p. 63*	*Snijbonen*	*Visterrine uit Henegouwen p. 64*	V *Vegetarische rijstsalade met maïs en ijsbergsla p. 65*	*Luikse salade met prinses-senbonen p. 66*
Avondmaal	V *Vis met bloemkool-puree en abdijkaas p. 67*	V *Kip met tomaten op de wijze van Samber en Maas p. 68*	V *Vegetarische pasta met aubergines p. 69*	*Konijn met mosterd uit Hoogstraten p. 71*	*Mosselen op z'n Vlaams p. 75*	*Brusselse filet americain p. 72*	F *Tomaat-garnaal met frietjes p. 73*
Tussendoor	*Kruisbessen*	*Bosbessen*	*Appel*	*Yoghurt-speculaasijs met rode vruchten p. 76*	*Meloen*	*Braambessen*	*Brusselse wafels met krieken p. 77*

Regionale gerechten

Weekplan voor de herfst

	Maandag	Dinsdag	Woensdag	Donderdag	Vrijdag	Zaterdag	Zondag
Ontbijt	*Clementine-kefir p. 80*	*Pompelmoes*	*Appel*	*Ananas*	*Kiwi-druiven confituur p. 81*	*Kiwi*	*Sinaasappel*
Soep	*Pompoen*	*Knolselder*	V *Mechelse bloemkool-soep p. 82*	*Paprika*	*Prei*	V *Oost-Vlaamse tomatensoep p. 83*	*Champignon*
Lunch	*Perenslaatje met geiten-kaas en Luik-se stroop p. 84*	*(Kool)raap*	V *Uientaart uit Aalst p. 85*	*Pastinaak*	*Schorseneren*	*Rammenas*	V *Kaas-pannenkoek uit Beaumont met prei p. 86*
Avondmaal	*Witte kool met kip p. 87*	V *Roergebakken savooiekool met lamsvlees p. 88*	*Hete bliksem uit Haspen-gouw p. 89*	V *Pompoen-burger met rijst p. 90*	*Ardeense forel met spruitjes p. 91*	F *Feestelijke kwartelsalade met champig-nons p. 92*	V *Westvlaamse kerremelk-smeus met bakharing p. 93*
Tussendoor	*Kiwibesslaatje p. 96*	*Peer*	*Druiven*	*Maria's Oostvlaamse vlaaien p. 94*	*Banaan*	*Mandarijn*	*Gebakken peren p. 95*

Weekplan voor de winter

	Maandag	Dinsdag	Woensdag	Donderdag	Vrijdag	Zaterdag	Zondag
Ontbijt	*Mandarijn*	*Banaan*	*Boskoop appel*	*Sinaasappel*	*Kiwi*	*Pompelmoes*	*Stevige appel-bananendrank p. 98*
Soep	*Groene kool*	V *Uiensoep p. 99*	*Wortel*	*Broccoli*	*Boerenkool*	V *Erwtensoep p. 100*	*Witloof*
Lunch	V *Wortelbrood met veldsla p. 101*	*Sojascheuten*	*Preislaatje met Ardeense ham p. 102*	*Rode kool*	*Blankenbergse omelet met oesterzwammen en garnalen p. 103*	*Avocado*	*Rode biet*
Avondmaal	*Ovenschotel van venkel en vis p. 104*	V *Stoemp met Brusselse spruitjes p. 105*	*Zuurkool met vis p. 106*	V *Gevulde groene koolbladeren met rijst p. 107*	V *Gevogelteschotel met prei p. 108*	F *Tournedos met rapen en knolselderpuree p. 109*	V *Pasta met oesterzwammen p. 110*
Tussendoor	*Appelkruimel p. 111*	*Ananas*	*Perenmoes p. 114*	*Brusselse bodding p. 112*	*Golden appel*	*Vlaamse rijstpap p. 113*	*Bloedappelsien*

■ *Regionale gerechten*

Nota's

Nota's

Nota's

Bronnen

Referenties in de tekst

1. https://fcs.wiv-isp.be/nl
2. Galle M. *Voor een gezonder Belgisch voedingspatroon.* Nutrinews, nr 4 2016.
3. www.recipes4us.co.uk/belgium
   en.wikipedia.org/wiki/Belgian_cuisine
4. www.vegetarisme.be
5. www.voedingscentrum.nl
6. Dietitians of Canada. *Factsheet Cook it up healthy!* Time saving techniques, 2007.
7. www.ChangeOne.com
8. - Kerstetter S. et al. *A review of policy options for incre asing food security and income security in British Columbia: A discussion paper.* Prepared for Dr. John Millar Provincial Health Services Authority. September 2007.
   - Mullie P. et al.; *Over de relatie tussen socio-economische positie en voeding.* Tijdschrift voor Voeding en Diëtetiek, 33-6 2007.
9. Maillot M. et al. *Low energy density and high nutritional quality are each associated with higher diet costs in French adults.* Am J. Clin. Nutr. 2007; 86(3): 690-6.
10. - Dietitians of Canada. *The cost of eating in BC 2007: The bite nutritious food takes from the income pie.* Canada 2007.
    - Darmon N. et al. *A cost constraint alone has adverse effects on food selection and nutrient density: an analysis of human diets by linear programming.* J. Nutr. 132:3764-3771, December 2002.

- Darmon N. et al. *Impact of a cost constraint on nutritionally adequate food choices for French women: an analysis linear programming.* J. Nutr. Educ. and Beh. 38(2) 82-90, March-April 2006.

11. Guggenbühl N. *Bien manger sans se casser la tête* ; Objectif Cœur N°18, septembre 2008.

12. Journal of the American Dietetic Organisation. *Difficult choice: low-calorie or low-prices?* December 2007.

13. - Darmon N. et al. *A nutrient density standard for vegetables and fruits: nutrients per calorie and nutrients per unit cost; Journal of the American Dietetic Organisation Vol.105 issue 12, 1881-1887.* December 2005.

    - Drewnowski A. et al. *Replacing fats and sweets with vegetables and fruits - A question of cost.* Am. J. Public Health 2004; 94:1555-1559.

    - Hollie A. et al. *A cost analysis of adopting a healthful diet in a family-based obesity treatment program.* J. Am. Diet. Assoc., 102(5): 645-656, May 2002.

    - Burney J. et al. *EFNEP A nutrition education program that demonstrates cost-benefit.* J. Am. Diet. Assoc., 102(1):39-45, Jan 2002.

    - Cooper S. et al. *'Economy' line foods from four supermarkets and brand name equivalents : a comparison of their nutrient contents and costs.* J. Human Nutr. and Dietetics, 16(5) 339-347, October 2003.

    - Joly C. et al. *Aliments premier prix: peut-on les comparer aux aliments de marque.* Cah.nutr.diét. 42(1) 15-24, 2007.

Andere bronnen

Ons Kookboek, KVLV Leuven, 1999

http://users.telenet.be/kookgek/dengroenen/belgie.html